早稻田的日本史

[日] 金谷俊一郎 —— 著

林敏浩 陈道竞 —— 译

早稲田の日本史で「日本の論点」がわかる

新星出版社 NEW STAR PRESS

WASEDA NO NIHONSHI DE,"NIHON NO RONTEN" GA WAKARU
©2016 Shunichiro Kanaya
First published in Japan in 2016 by KADOKAWA CORPORATION, Tokyo. Simplified Chinese translation rights arranged with KADOKAWA CORPORATION, Tokyo through JAPAN UNI AGENCY, INC., Tokyo.
This simplified Chinese edition: published 2021 by New Star Press Co, Ltd., Beijing

图书在版编目（CIP）数据

早稻田的日本史/（日）金谷俊一郎著；林敏洁，陈道竞译. -- 北京：新星出版社，2021.5
ISBN 978-7-5133-4443-2

Ⅰ. ①早… Ⅱ. ①金… ②林… ③陈… Ⅲ. ①日本－历史－通俗读物 Ⅳ. ①K313.09

中国版本图书馆CIP数据核字（2021）第059493号

早稻田的日本史

［日］金谷俊一郎　著；林敏洁，陈道竞　译

责任编辑： 高晓岩
责任校对： 刘　义
责任印制： 李珊珊
装帧设计： 冷暖儿

出版发行： 新星出版社
出 版 人： 马汝军
社　　址： 北京市西城区车公庄大街丙3号楼　　100044
网　　址： www.newstarpress.com
电　　话： 010-88310888
传　　真： 010-65270449
法律顾问： 北京市岳成律师事务所

读者服务： 010-88310811　　service@newstarpress.com
邮购地址： 北京市西城区车公庄大街丙3号楼　　100044

印　　刷： 北京天恒嘉业印刷有限公司
开　　本： 889mm×1194mm　　1/32
印　　张： 7.75
字　　数： 90千字
版　　次： 2021年5月第一版　　2021年5月第一次印刷
书　　号： ISBN 978-7-5133-4443-2
定　　价： 58.00元

版权专有，侵权必究；如有质量问题，请与印刷厂联系调换。

前言　入学考试试题就是来自大学的"求婚"

早稻田大学以保全学术的独立、实现学问的活用

造就模范国民为建校宗旨

早稻田大学以学术的独立为宗旨

以自由探讨为中心

不断致力于独创钻研

以期助益世界学术的发展

早稻田大学以学问的活用为宗旨

对理论本身进行研究的同时

寻求将其应用于实际的道路

以期促进时代的进步

早稻田大学以造就模范国民为宗旨

尊重个性　发展自身与家庭　裨益国家和社会

同时期望培养出能够活跃在广阔世界舞台上的人才

上文是1912年（明治四十五年）早稻田大学建校30周年时，由高田早苗校长提案后最终定稿的《早稻田大学办学宗旨》。其中提出了"学术的独立""学问的活用""造就模范国民"三大早稻田大学的理念。此外，当时在纪念仪式上发表演讲的大隈重信总长也强调了"学术的独立"与"学问的活用"两者的重要性。

一百余年后的今天，这种精神仍在早稻田大学连绵传承。

什么？你问我为什么可以下此结论？

看了早稻田大学的入学考试试题你就明白了。

要是身边有考大学或者报考过早稻田大学的学生，你应该或多或少听他们抱怨过"早稻田大学的日本史太难了"。

那么，为什么早稻田大学的入学考试试题难度这么高呢？并非因为早稻田大学故意用一些晦涩的历史用语出题。出人意料的是，早稻田大学反而没怎么出刁钻难懂的试题。

早稻田大学正是为了传达本校理念,所出试题的难度才会稍稍超出入学考试试题的水平。

我认为,入学考试的试题可以看作是"来自大学的求婚"。"我希望能够解答这些题目的学生来到我们学校",这样的心理就通过入学考试的试题表现了出来。而能够回应这一求婚(=能够解答问题)的人,就能踢进这临门一脚(=通过考试)。

看一看近来的入学考试试题,越来越多的大学并不能让人感受到这样的"求婚"。很多大学的试题就像是复制粘贴了教参书的内容。

即便在这样的情况下,早稻田仍然是一所"求婚"攻势极其猛烈的大学。说起猛烈的"求婚",东京大学一直以来也是个好手。或许正因如此,《东大的深度日本史》(角川)才能写得如此精彩有趣吧。

早稻田大学的试题,均符合本书开头所述的办学理念。早稻田大学希望能够迎来绝不向权势低头、不骑墙观望、能够直面社会问题、敢于发声的青年们,因而通过大学的入学考试试题不断发起生猛的"求婚"。

这样的求婚绝不单单是面向应试生的。我强烈地感受到,这是早稻田在以一座学府的身份,通过入学考试的试题,呼吁全体国民一同探讨当今日本的问题以及闭塞的现状该如何应对。

　　针对书中涉及的核问题、宪法第九条、与美国的经济合作等当下仍十分重要的论点，早稻田提出了一些建议，例如我们应当知道什么、应当更深入地学习什么，等等。这些内容若是成了应试生的专享就太可惜了，于是我执笔撰写了此书。早稻田大学的"求婚"，请你务必听一听。

　　　　　　　　　　　　　　　　　　　金谷俊一郎

目 录

第一章　日本人不得不知的政治和历史

第一部分　宪法第九条

要点　只是被强加的宪法，还是必须守护的至宝？ / 3

其一　麦克阿瑟为何提出"三原则"？ / 4

其二　天皇怎样了？ / 8

其三　宪法第九条是如何制定的？ / 11

其四　日本的身份制度怎样了？ / 19

其五　现代的论点——了解宪法成立的背景 / 23

第二部分　日本的军国主义化

要点　政府经济振兴政策催化下的战争 / 25

其一　第一次世界大战后，日本为何陷入经济危机？ / 25

其二　天皇为何不拯救金融恐慌？ / 27

其三　金融恐慌的终结——内阁做了什么？ / 29
  其四　世界经济危机——日本是如何应对的？ / 31
  其五　昭和经济危机——政府的束手无策（？）造成经济大危机 / 33
  其六　农业恐慌——恐慌致使国民期待法西斯主义！？ / 35
  其七　经济恢复的号角和法西斯主义的脚步声同时响起 / 37
  其八　经济繁荣强化了军部和财阀的联系！？ / 39
  其九　现代的论点——战争是毒品吗？ / 40

第三部分　大东亚战争
  要点　近卫文麿所说的走向战争的道路是什么？ / 42
  其一　近卫文麿 / 42
  其二　三国同盟的真相 / 44
  其三　近卫文麿计划怎样处理与美国、苏联的关系？ / 47
  其四　日美交涉是否是解决之道？ / 49
  其五　东条英机为何成为首相？ / 51
  其六　《赫尔备忘录》令人震惊的内容 / 52
  其七　东条内阁的战争合作体制是什么？ / 54
  其八　大东亚战争的目的是什么？ / 55
  其九　美国对日本的所作所为 / 57
  其十　现代的论点——美国真的正义吗？ / 59

第四部分 核能问题

要点 导致现今核能问题的战前电力行政 / 61

其一 电力的国家管理 / 62

其二 电力企业的重组 / 64

其三 禁止原子弹、氢弹的动向 / 66

其四 向着核能利用前进的政府 / 67

其五 核能事业的发展与"福岛" / 69

其六 现代的论点——重启核能发电的真正"理由" / 69

第五部分 政治家的渎职

要点 从大正、昭和时期政治家的道德看日本近现代史 / 72

其一 西门子事件——渎职事件与藩阀有何关联? / 73

其二 帝人事件——人造丝中的利权和黑暗 / 74

其三 昭和电工事件——是否与GHQ的图谋有关? / 78

其四 造船丑闻——为日本带来诺贝尔和平奖的不逮捕 / 83

其五 洛克希德事件——闻所未闻!原首相的逮捕剧 / 85

其六 里库路特事件——信息通信产业的渎职事件 / 87

其七 现代的论点——渎职现象何时才会消失? / 88

第二章 "经济大国日本"因何诞生？

第六部分 日本经济前史
  要点　通过"贸易"看近代以前的日本经济史 / 93
  其一　日本最古老的货币不是和铜开弥 / 94
  其二　"钱之病"的产生（平安时代末期）/ 95
  其三　罹患"钱之病"的人们（镰仓时代）/ 98
  其四　大量的货币促使经济得到发展（室町时代）/ 99
  其五　战国大名挖掘金银矿（战国时代）/ 100
  其六　江户幕府并不希望锁国（江户时代初期）/ 101
  其七　锁国时期，日本曾是资源大国（江户时代）/ 104
  其八　攘夷、讨幕的原因在于贸易（幕末）/ 105
  其九　现代的论点——日本人患上了"钱之病"吗？ / 108

第七部分　战后的财阀解体
  要点　从银行看战后经济史 / 110
  其一　美国在战后想要如何处置日本？ / 110
  其二　财阀解体为何无法推进？ / 113
  其三　将日本引向了战争！？"The Big Four"是什么？ / 115
  其四　五大银行现状如何？ / 119
  其五　现代的论点——"巨型银行"这一选择是正确的吗？ / 121

第八部分　空前的经济复兴
  要点　从前途未卜的不景气中挣脱的方法 / 123
  其一　战争结束后才是真正的地狱 / 124

其二　抑制通胀和经济复兴的两难境地 / 125
其三　民生疾苦和经济复兴的两难境地 / 127
其四　冷战引发的"伴随痛苦的改革"是什么？/ 129
其五　现代的论点——日本是否应当再次重生？/ 131

第九部分　经济高度成长

要点　日本缘何获得如此巨大的成长？/ 133
其一　从"已不是战后"到"国民所得倍增"/ 134
其二　从财阀到企业集团 / 137
其三　日本式经营——经济高度成长的支柱 / 139
其四　现代的论点——如何消除地区间差距？/ 141

第十部分　环境问题

要点　经济辉煌发展背后潜藏的毒和公害 / 144
其一　太平洋工业带——工业城市的集中 / 145
其二　《农业基本法》——走向农业衰退的道路 / 146
其三　四大公害诉讼和《公害对策基本法》/ 149
其四　现代的论点——环境问题无国界 / 152

第十一部分　成长期的终焉

要点　日本能否重获过去的荣光？/ 154
其一　日本为何能够取得经济高度成长？/ 154
其二　"日本式经营"是世界他国无法效仿的经济成长源泉 / 158
其三　经济高度成长为何会终结？/ 161
其四　经济高度成长结束后，为何日本没有走向末路？/ 165

其五　贸易摩擦——与美国的经济冲突 / 167

其六　现代的论点——与大国美国的交往方式 / 169

第三章　探寻困扰日本的国际问题之渊源

第十二部分　日韩之间

要点　日本人不得不知的"真相" / 173

其一　朝鲜开国——日本为何急于促成朝鲜的开国？ / 173

其二　中日甲午战争——来自俄罗斯的巨大威胁 / 178

其三　三国干涉与俄罗斯的满洲统治——与俄罗斯之间不可避免的战斗 / 181

其四　日本为何要占领韩国？ / 182

其五　占领韩国的实情 / 184

第十三部分　战后赔偿问题

要点　日本赔偿了什么？今后还应赔偿什么？ / 189

其一　美国和英国等为何放弃索要赔偿？ / 190

其二　对亚洲各国的赔偿——以赔偿为名的经济进军 / 194

其三　对韩国、朝鲜的赔偿结束了吗？ / 199

其四　现代的论点——了解《日韩基本条约》 / 202

第十四部分　近现代的日俄关系

要点　北方领土问题爆发的背景 / 204

其一　北方四岛的领有 / 205

其二　库页与千岛的交换 / 206

其三　南库页的领有 / 209
其四　从俄国到苏联 / 211
其五　《日苏共同宣言》与北方领土 / 213
其六　现代的论点——北方领土问题还未尘埃落定 / 215

第十五部分　战后日美关系 / 219
要点　美国是日本的救世主还是侵略者？ / 217
其一　《旧金山和平条约》/ 217
其二　曾非日本领土的奄美、冲绳、小笠原 / 220
其三　安保条约与行政协定 / 222
其四　岸信介内阁与安保条约的修改 / 224
其五　"指导方针"的制定 / 226
其六　迎来新指导方针的时代 / 227
其七　现代的论点——理解"指导方针"的重要性 / 229

结语　回顾 2016 年度的入学考试试题 / 231

第一章　日本人不得不知的政治和历史

如今日本人担忧的种种问题都是过往政治的产物。为了让活在当下的我们能够迎接更美好的未来，本章将解读那些我们不得不知的历史。

第一部分　宪法第九条

要点　只是被强加的宪法，还是必须守护的至宝？

2014 年度 / 国际教养学院

《日本国宪法》第九条：

1. 日本国民衷心谋求基于正义与秩序的国际和平，永远放弃以国权发动的战争、武力威胁或武力行使作为解决国际争端的手段。

2. 为达到前项目的，不保持陆海空军及其他战争力量，不承认国家的交战权。

关于《日本国宪法》第九条中放弃战争的内容，日本国民是人尽皆知的，然而很多日本人对于这一内容是如何被写进《日本国宪法》的原委尚不清楚,这一点也是事实。在此,我们就通过早稻田大学国际教养学院的英文资料题来回顾《日本国宪法》第九条制定的经过。

其一 麦克阿瑟为何提出"三原则"?

问题1

(1)February 3, 1946, the day that marked an epochal turning point in Japan's constitutional history, was a beautiful Sunday.【あ】sent to Whitney the essential requirements for (2)constitutional reform, that is, a note containing his "Three Principles".

译文:1946年2月3日是《日本国宪法》历史中一个划时代的转折点,这是一个天气晴朗的周日。【あ】给惠特尼送去了一份说明,其中包含了修改宪法必须遵守的"三原则",内容如下。

注意

(1)February 3, 1946, the day that marked an epochal turning point in Japan's constitutional history, was a beautiful Sunday.【あ】sent to Whitney the essential requirements for (2)constitutional reform, that is, a note containing his

"Three Principles".

1.(3)Emperor is at the head of state.

(4)His succession is dynastic.

His duties and powers will be exercised in accordance with the Constitution and responsive to the basic will of the people as provided therein.

(5)2. War as a sovereign right of the nation is abolished. Japan renounces it as an instrumentality for settling its disputes and even for preserving its own security. It relies upon the higher ideals which are now stirring the world for its defense and its protection.

No Japanese Army, Navy or Air Force will ever be authorized and no rights of belligerency will ever be conferred upon any Japanese force.

3.(6)The feudal system of Japan will cease.

No rights of (7)peerage except those of the Imperial family will extend beyond the lines of those now existent.

No patent of nobility will from this time forth embody within itself any National or Civic power of government.

Pattern budget after British system.

※ 早稻田大学国际教养学院从 2004 年（平成十六年）

创立以来，每年都会用英语资料出一道日本史试题。内容以近现代为中心，包括从日本开国到经济高度成长期间外国人眼中的日本论，等等，使用的题材颇具深意。

材料正文第四行中出现了"Three Principles"，该英文资料记载的就是修改宪法必须遵守的"三原则"。

问题1（后续）

题2 【あ】指的是谁？请选择一个正确选项，答案涂写在答题纸相应位置。

ア Emperor Hirohito　イ Douglas MacArthur
ウ Harry Truman　エ Joseph Keenan
オ Kijyuro Shidehara

"三原则"的内容包含在驻日盟军最高司令部的总司令麦克阿瑟送出的说明之中。因此题2的正确答案为イ Douglas MacArthur。

那么，提出该"三原则"的经过是怎样的呢？我们通过题3来一探究竟。

问题1（后续）

题3 选出日本政府在应对与下划线部分（2）"constitutional reform"相关的问题时表述错误的选项。单选，答案涂写在答题纸相应位置。

ア 东久迩宫内阁设立了宪法问题调查委员会。

イ 宪法问题调查委员会的委员长为松本烝治国务大臣。

ウ 美浓部达吉是宪法问题调查委员会的顾问。

エ 松本烝治向驻日盟军总司令部（GHQ）提交了《宪法修改纲要》。

オ《宪法修改纲要》继承了天皇主权等明治宪法的基本理念。

下划线部分2的意思是宪法的修改。题3考核的是日本政府如何应对宪法的修改。

表述错误的是选项ア。东久迩宫稔彦内阁是战后第一任内阁，也是日本第一个皇族内阁。组建东久迩宫内阁最大的目的是捍卫国体，也就是维持天皇体制。因此该内阁与谋求大刀阔斧改革天皇制的GHQ持续对立，最终被迫集体辞职。所以，东久迩宫内阁绝不会像选项ア所说的，基于GHQ的意图设立宪法问题调查委员会。设立这一宪法问题调查委员会的，是下一任的币原喜重郎内阁。

宪法问题调查委员会的委员长正如选项イ所示，由松本烝治国务大臣担任。战前因天皇机关说[1]问题被迫辞去

---

[1] 主张统治权归属于国家这个法人，日本天皇只是宪法下最高统治机构的学说。——译者注

贵族院议员之职的美浓部达吉等人成了宪法问题调查委员会的顾问。由该宪法问题调查委员会制定的宪法修改方案就是《宪法修改纲要》。但是，由于它继承了明治宪法中天皇主权等基本理念，GHQ自然是不会同意的。于是，GHQ用一周的时间提出了《日本国宪法》草案应有的内容，也就是所谓的麦克阿瑟草案。而这一草案的基础就是材料中出现的"三原则"。

也就是说，《日本国宪法》与其说是日本国民制定的，不如说是盟军最高司令官总司令部为了实行占领政策而制定的占领基本方针。

最具有象征性的就是《日本国宪法》的前言，说它是从英语直接译成日语的也不为过。因此，前言使用的词句虽然简单，但表达的意思却十分难于理解。

其二　天皇怎样了？

问题 2

1.(3)<u>Emperor is at the head of state.</u>

(4)<u>His succession is dynastic.</u>

His duties and powers will be exercised in accordance with the Constitution and responsive to the basic will of the people as provided therein.

译文：1. 天皇是国家的元首。皇位以世袭的方式继承。天皇依据宪法行使职务及权力，并为宪法规定的基本国民意志服务。

首先看"三原则"的第一条。

第一条明确规定了天皇是国家的元首，并且天皇的地位完全通过世袭继承。只看这些内容似乎与战前的天皇制没有什么区别，但往下看就会发现天皇行使职务和权力时需要完全依据宪法。此外，还规定了天皇行使其职务和权力的形式是响应宪法规定的国民意志。

也就是说，"三原则"第一条的目的是通过宪法限制天皇的权力，另一方面也明确了立场，即完全否定美国一部分人主张的废除天皇制。

接下来，看一看有关"三原则"第一条的提问。

首先是题4。

问题2（后续）

题4 下划线部分（3）"Emperor is at the head of state."反映在了《日本国宪法》的第一条中。请将应当填入空格【い】【う】中的语句写在答题纸上。

"天皇，是日本国的【 】，是日本国民【い】，其地位以【う】

所在的全体日本国民的意志为依据。"

下划线部分3所写的内容为天皇是国家的元首。但是，此处所说的元首并非一国的统治者，而是指基于国民的意志履行元首这一职务的人。因此，《日本国宪法》第一条中没有使用元首这一词汇，而是采用了天皇是日本国的象征这样的表达。

另外，天皇的这一象征地位完全是基于国民意志而存在的，从这一观点来看，空格い的内容应为**日本国民整体的象征**。对此还可以作如下解释，天皇不是一种单纯的象征，而是基于日本国民的全体意志将天皇作为一种象征。

这一点在后半部分的内容中又再一次被强调了。天皇的地位以握有主权的日本国民的全体意志为基础，正如空格う中的内容所示，**日本国民为**主权所在的定位非常清晰。有了日本国民的全体意志，才有天皇的象征地位。这几乎是忠实反映了麦克阿瑟笔下宪法修改说明的内容。

问题2（后续）

题5 《日本国宪法》第二条中规定了与下划线部分（4）"His succession is dynastic."相关的皇位继承问题。请将应当填入空格【え】的语句写在答题纸上。

"皇位世袭，根据国会决议的【え】的规定继承皇位。"

接下来是题5。下划线部分4说的是皇位以世袭的方式继承。但是,《日本国宪法》第二条中所写的并非单纯的皇位世袭。

《日本国宪法》第二条写的是,根据国会决议的《皇室典范》的规定继承皇位。1889年(明治二十二年),日本在颁布《大日本帝国宪法》的同时,还制定了《皇室典范》,对皇位继承和皇族身份等内容做出了规定。不过,该《皇室典范》战前仅作皇室内部使用,因此未曾向一般民众公开。而GHQ像颁布普通法律一样,在履行相关手续之后颁布了《皇室典范》。也就是说,即便是《皇室典范》,也不过是法律之一,没有议会的承认,这些法律是无法成立的。如此一来,皇位的世袭也需要国会的决议,这样就可以防止天皇权威的绝对化。

其三 宪法第九条是如何制定的?

下面我们看一看宪法第九条的前身,即"三原则"的第二条。

问题3

(5) 2. War as a sovereign right of the nation is abolished.

Japan renounces it as an instrumentality for settling its disputes and even for preserving its own security. It relies upon the higher ideals which are now stirring the world for its defense and its protection.

No Japanese Army, Navy or Air Force will ever be authorized and no rights of belligerency will ever be conferred upon any Japanese force.

译文：2.废除以国家权力发动的战争。日本既放弃作为解决争端的战争手段，也放弃作为维护自身安全的战争手段。日本的防卫和安全维护，寄希望于日渐主导世界的崇高和平理想。不允许日本保持任何陆军、海军和空军，绝不授予日本军队交战的权力。

原本，国家为维护自身安全而发起战争的权力是受到保障的。原因是如果没有这样的保障，就无法维护国家安全和维持自身的政治体制了。但麦克阿瑟的"三原则"明确要求日本放弃以国家权力发动的战争。不仅如此，还要求放弃作为解决争端手段的战争和作为维护自身安全手段的战争。

如此一来，就会出现日本如何保护本国这样的疑问。关于这一点，麦克阿瑟提出本国的防卫和安全维护要"寄希望于日渐主导世界的崇高和平理想"。这意味着寄希望于 1945 年（昭和二十年）成立的以联合国为中心的国际和平体制。"三原则"是麦克阿瑟在 1946 年（昭和二十一年）提出的，当时美国和苏联之间的冷战格局尚未形成，他提出这一点的前提是以美国为中心的国际和平体制的成立。其后冷战格局形成，1989 年（平成元年）马耳他峰会宣告冷战终结之后，海湾战争等各种战争和国际纷争不断，要依靠联合国维持和平是十分困难的。可以想见，此处提出的"寄希望于日渐主导世界的崇高和平理想"是极为困难的。但《日本国宪法》第九条是完全基于这一"崇高的和平理想"而主张放弃战争的。

此外，第二条原则中规定不认可陆海空军，不授予交战权。大东亚战争（太平洋战争）中日本让以美国为中心的同盟国吃尽了苦头，从这一规定中可以看出"绝不让日本加害美国、英国等国家"的想法。

那么，让我们来看一看与此相关的试题。

问题 3（后续）

题 6 在下划线部分（5）第二条"Principle"出现之前，下述条约（节选）已经存在。关于这一条约的说明，叙述正确的是什么？双选，答案涂写在答题纸相应位置。

The High Contracting Parties solemnly declare in

the names of their respective peoples that they condemn recourse to war for the solution of international controversies' and renounce it as an instrument of national policy in their relations with one another.

ア 根据此条约，史上第一个国际和平机构即国际联盟成立了。

イ 条约的一部分内容轻视天皇大权、违反宪法，引发了政治问题。

ウ 通过批准此条约，日本成为国际联盟常任理事国。

エ 与下划线部分（5）的第二条"Principle"不同，该条约保留了自卫权。

オ 美利坚合众国国会参议院没有批准此条约，对其实效性造成很大的打击。

译文：缔约各方以各国人民的名义郑重声明，斥责用战争来解决国际纠纷，并在与他国的关系上，放弃把战争作为实行国家政策的工具的做法。

先看题6，写的是"在第二条原则出现之前，下述条约（节选）已经存在"。这一条约是1928年（昭和三年）缔结的《巴黎非战公约》。《巴黎非战公约》是在1920年（大正九年）国际联盟成立后缔结的，因此选项ア国际联盟根据此条约成立的说法是错误的。选项ウ通过批准此条约，日本成为国际联盟常任理事国也是不正确的。日本在国际联盟成立的当年，即1920年（大正九年）开始就是常任理事国的一员。当时的常任理事国为日本、英国、法国、意大利这四国。由于美国国会参议院没有批准，美国没有加入国际联盟。而选项**オ**是与国际联盟成立有关的内容，与《巴黎非战公约》无关，也是错误的。

接下来让我们仔细看看《巴黎非战公约》的内容。

条约中写道，以各国人民的名义郑重声明，斥责用战争来解决国际纠纷的做法。也就是说把"人民"放在了首位，因此就像题6选项**イ**中所述，**日本国内出现了认为该条约轻视天皇大权、违反宪法的动向**。

条约中还约定在与他国的关系上，放弃将战争作为实行国家政策的工具的做法。这里并不是指在与他国的关系上无限制地放弃战争，只是不可将战争"作为实行国家政策的工具"。对选项**エ**中的自卫权并没有进行限制，所以**エ**中保留了自卫权的部分是正确的。

问题3（后续）

题7 在下划线部分（5）第二条"Principle"的基础上制定的《GHQ草案》内容如下。关于该草案与《日本国宪法》第九条的关系，以下说明错误的是什么？双选，答案涂写在

15

答题纸相应位置。

"War as a sovereign right of the nation is abolished. The threat or use of force is forever renounced as a means for settling disputes with any other nation. No army, navy, air force' or other war potential will ever be authorized and no rights of belligerency will ever be conferred upon the State."

ア "Principle"中所述放弃自卫战争的规定在草案和《日本国宪法》中都没有体现。

イ 与草案不同,《日本国宪法》第九条是以"日本政府"开头的,主体是明确的。

ウ "disputes with any other nation"("与他国国民的争端"——外务省暂译)在《日本国宪法》第九条中被修改为更具一般意义的"国际争端"。

エ 草案规定无条件放弃保持战争力量,但《日本国宪法》第九条中加入了"为达到前项目的"这一内容,因此产生了在一定条件下不保持战争力量的解释。

オ 大日本帝国陆海军因《日本国宪法》的实施被解除武装并消亡。

译文:废除以国家权力发动的战争。永远放弃作为解决与他国争端之手段的武力威胁或武力行使。不允许保持陆军、海军、空军及其他包含战争可能性的力量,绝不授予该国交战权。

让我们来看一看题7，题目的内容与根据麦克阿瑟"三原则"制定的《GHQ草案》有关。草案中是这样写的：首先，与"三原则"相同，废除以国家权力发动的战争。但是，与"三原则"不同的是，没有规定放弃以自卫为目的的战争。GHQ的草案仅规定了放弃作为解决与他国争端之手段的武力威胁或武力行使。也就是说，只不过明确了不能依赖战争的手段来解决争端这一点。因此，对受到他国侵略时的自卫战争是没有做出规定的。这一点也反映在了《日本国宪法》第九条之中。

我们再重温一下《日本国宪法》的第九条。

《日本国宪法》第九条

1. 日本国民衷心谋求基于正义与秩序的国际和平，永远放弃以国权发动的战争、武力威胁或武力行使作为解决国际争端的手段。

2. 为达到前项目的，不保持陆海空军及其他战争力量，不承认国家的交战权。

这里没有要求放弃自卫目的的战争。因此，《日本国宪法》施行后只过了三年，也是应GHQ的要求，日本组建了警察预备队，就是后来发展起来的自卫队的前身。

也就是说，这里没有规定放弃以自卫为目的的战争，其结果是，自卫队的存在本身并没有被否定。

另外，五五年体制[1]中在野党日本社会党对自卫队是持否定立场的，但1995年（平成七年）村山富市内阁成立，日本社会党和自由民主党的联立内阁组阁，对自卫队问题又转变为容许的立场。

再看《日本国宪法》第九条，是以"日本国民"这一主语开始的。说明在《日本国宪法》中，主权完全在于国民而非政府，并非选项イ中所说的以"日本政府"开头的条文。因此，如果知道主权在民原则的话，瞬间就能判断出这是错误选项。

且正如选项ウ中所示，《日本国宪法》第九条并没有采用与他国国民的争端这样的表述，而是使用了国际争端这种一般性的表达。因此，选项ウ也是正确的。

此外，《日本国宪法》第九条中的重要内容记录在了第二项当中。第二项规定为达到前项目的，不保持战争力量。也就是说，并不是无限地放弃保持战争力量，这部分内容是由后来成为内阁总理大臣的芦田均修改的。因此，选项エ也是正确的。最后来看选项オ，大日本帝国的陆军及海军没有等到《日本国宪法》的施行，在签署投降书时

1　日本政坛从1955年开始出现的一种体制，是保守党一种长期维持执政党自由民主党与在野党日本社会党的两党政治格局。——译者注

就被解除武装了，所以选项才是错误的。

最后，我们来看"三原则"的第三条。

其四　日本的身份制度怎样了？

问题4

3.(6)The feudal system of Japan will cease.

No rights of (7)peerage except those of the Imperial family will extend beyond the lines of those now existent.

No patent of nobility will from this time forth embody within itself any National or Civic power of government.

Pattern budget after British system.

译文：废除日本的封建制度。除皇族外，华族的权利仅限于现在的生存者。华族的特权今后不伴随任何国家的或市民的政治权利。预算模式仿照英国制度。

下划线部分（6）的意思是日本的封建制度被废除。

问题4（后续）

题8　与下划线部分（6）"The feudal system of Japan will cease."相关的，盟军占领期发生的事情中，叙述错误的是什么？双选，答案涂写在答题纸相应位置。

ア 修改《民法》，将家长继承制度改为财产均分继承。

イ 修改《刑法》，废除大逆罪、不敬罪以及通奸罪。

ウ 言论的自由得到保障，杂志、报刊无须通过审查即可发行。

エ 根据《警察法》设置自治体警察，废除国家地方警察。

オ 美国教育使节团针对教育民主化问题发出劝告。

题 8 要求选出对占领期发生的事件描述错误的两个选项。先看选项 ウ，写的是言论自由得到了保障。或许很多人会认为基于战后的民主化政策，人们才获得了言论的自由。但是从某种意义上说，GHQ 的占领政策实行了比战前还要严格的言论审查。当时 GHQ 制定了人们对占领政策不得进行彻底批判的方针。因此，选项 ウ 中"杂志、报刊无须通过审查即可发行"的部分是错误的。

此外，GHQ 认为警察权力的强化是日本军国主义和日本国力增强的原因，由此展开了削弱警察权力的行动。在城、町、村分别独立设置了名为自治体警察的警察组织，使得警察无法拥有较大的权力。而小规模的自治体无法设置自治体警察，因此设置了国家地方警察来管辖这些地区。所以，选项 エ 中"废除国家地方警察"的说法是错误的。

问题4（后续）

题9 关于下划线部分（7）"peerage"，叙述错误的是什么？双选，答案涂写在答题纸相应位置。

ア 根据奉还版籍，藩主和朝臣一起被划为华族。

イ 1884年制定《华族令》，分别设置了公、侯、伯、子、男的爵位。

ウ 这些爵位是只适用于旧朝臣、旧领主的身份称呼。

エ《华族令》中包含了让华族成为未来参议院议员的意图。

オ 爵位不问男女皆可世袭。

接下来的题9，下划线部分（7）的意思为华族。正如选项**ウ**所示，华族本来是只适用于"旧朝臣、旧领主的身份称呼"。但根据1884年（明治十七年）制定的《华族令》，除了朝臣和领主以外，在明治维新的国家成立中做出功绩的人也可以成为华族。其目的是希望通过设置华族这一身份，构成以华族为中心的议会，类似美国国会参议院。因此，选项**ウ**中"只适用于旧朝臣、旧领主的身份"这一内容在1884年（明治十七年）《华族令》制定之前是正确的。但是本题中没有相关的时间限定条件，所以这一选项是错误的。此外，关于爵位的世袭，基本是由男性世袭的，所以选项**オ**中"男女皆可世袭"的部分是错误的。

问题 5

题 10　下列选项中，对直到《日本国宪法》颁布为止发生的事情叙述错误的是什么？单选，答案涂写在答题纸相应位置。

ア 在"Three Principles"的基础上，以 GHQ 民政局的 Kades 等人为中心，制定了宪法草案。

イ 日本政府对英文版的《GHQ 草案》进行修改后译成日语，由此完成了政府原案。

ウ 新宪法的制定采用了修改《大日本帝国宪法》的形式。

エ《GHQ 草案》使用的是一院制，在日本政府的强烈要求下最终采用两院制。

オ 众议院和参议院也进行了审议，各院进行修改后最终决议通过。

最后是题 10，各个选项叙述的是到《日本国宪法》颁布为止的过程，因此将选项连接起来就能看出《日本国宪法》颁布的流程，让我们把选项逐条分析一下吧。

宪法草案是以 GHQ 民政局的查尔斯·凯蒂斯（Charles Kades）等人为中心，在"三原则"的基础之上写成的。这就是《GHQ 草案》，或者叫作《麦克阿瑟草案》。

通过题 7 我们已经知道，这一《GHQ 草案》是用英文写成的。日本政府对英文版的《GHQ草案》进行了若干修改后译成日语，由此完成了政府原案。因此才会出现之前提到过的《日本国宪法》前言的日语像是从英文直译而来的情况。此外，新宪法的制定采用了修改《大日本帝国宪法》的形式，是经过在《大日本帝国宪法》中存在的众议院和贵族院审议后决议通过的。所以，选项才中"参议院进行审议"这一点是错误的。参议院这一概念，是在《日本国宪法》中才首次出现的。并且《GHQ草案》中并未包含有关参议院的内容，采用的是只有众议院的一院制，在日本政府的强烈要求下才最终采用了两院制。

其五　现代的论点——了解宪法成立的背景

在二战结束后又过去七十多年的今天，《日本国宪法》的修改备受关注。从宪法成立的过程来看，与其说《日本国宪法》是根据日本国民独立意志制定的，毋宁说是GHQ为了顺利推行占领政策而制定的。并且宪法中GHQ"不让日本再次威胁美国、英国等同盟国"的意图也是若隐若现。当然，可能也有人会为其中倡导的放弃战争等崇高理念而感到自豪，但现实的问题是，现在的宪法是以并非法律专家的 GHQ 人员在一周内写成的英语文章为基础，译成日语后确立的。我想，我们应该在认识到这一点的基础上，再讨论是否应该修改宪法。

第二部分　日本的军国主义化

要点　政府经济振兴政策催化下的战争

2000 年度 / 教育学院

2000 年教育学院出的试题是以 20 世纪 20 年代到 30 年代为题材的，也就是日本为了从第一次世界大战后的经济萧条中走出来而逐渐走向军国主义的时期。

其一　第一次世界大战后，日本为何陷入经济危机？

我们就开门见山直接看试题吧。

问题 1

在第一次世界大战后经济繁荣的反作用经济危机笼罩之下，暴发户企业和二流、三流银行的经营情况恶化，但经营不良的企业并没有得到整顿。与此同时，在关东大地震的冲击之下，银行不再接受企业手头持有的票据结算。虽然由于日本银行延迟票据托收，企业暂时没有破产的危险，但经济持续不景气，结算迟迟无法进行。

第一次世界大战中，日本出现了前所未有的经济繁荣。其理由是，欧洲各国特别是德国因第一次世界大战的缘故从亚洲市场撤退，也就是说它们无法前来亚洲销售商品。由于欧洲退出了亚洲市场，日本就填补了其中的空白，向亚洲市场进军。因此，日本商品在亚洲市场的销量大增，促进了经济的繁荣。这就是在第一次世界大战时期出现的所谓的大战景气。

海运业和造船业兴旺起来，造就了许多巨富，以造船暴发户为代表，被称为暴发户的人越来越多。

然而，这样的经济繁荣并非建立在日本海运业、造船业拥有国际性竞争力的基础之上，不过是由于欧洲各国缺席亚洲市场，日本替代它们填补市场而形成的需求。所以，1918年（大正七年）第一次世界大战结束的同时大战景气告终，两年后的1920年（大正九年）开始出现战后经济危机，被称为大战景气的反作用。

雪上加霜的是，在战后经济危机之中，1923年（大正十二年）又发生了关东大地震。战后经济危机的结果是，经营情况恶化的暴发户企业和二流、三流银行在关东大地震的影响下，出现了题面中所持票据无法结算的状况，使得日本经济陷入困境。

其二　天皇为何不拯救金融恐慌？

问题2

1927年的国会上虽然商议了震灾票据的处理，但一部分银行的不良经营情况浮出水面，发生了挤兑风波，银行接连停业。若槻礼次郎内阁意欲发出紧急敕令，救助对铃木商店进行了巨额融资的【1】，但因【2】否决此提案而全体辞职。

在这样的背景下，1927年（昭和二年），经营情况恶化的中小企业之一东京渡边银行的不良经营状况被当时的大藏大臣[1]片冈直温公开，民众为了取出自己的存款蜂拥至银行，造成了"挤兑风波"。银行吃紧，出现金融恐慌。

对此，若槻礼次郎内阁试图通过使用紧急敕令来打开

---

[1] 日本大藏大臣是主管大藏省的国务大臣，相当于中国的财政部部长，简称"藏相"。——译者注

局面。紧急敕令指的是在非常时期发出的天皇命令,是无须等待法律的制定就能拥有法律同等效力的战前制度。

空格1中,若槻礼次郎内阁想通过这一紧急敕令救助的银行是**台湾银行**。台湾银行属于特殊银行,就是所谓的政府系金融机构。在第一次世界大战期间台湾银行对成为暴发户的铃木商店进行了巨额融资。但是,由于铃木商店破产,台湾银行背上了巨额不良债权,正面临严重的经营危机。因此,内阁才会试图进行我们现在所说的政府财政资金投入。

但是,正如题中所示,这一紧急敕令并没有成功发出。因为发出紧急敕令也就是天皇命令的时候遭到了咨询机构即空格2**枢密院**的反对。那么,枢密院为何反对发出紧急敕令案呢?并非因为枢密院不希望结束这场金融恐慌。

当时的内阁是前文所说的若槻礼次郎内阁,是宪政会的内阁。币原喜重郎在宪政会中担任外务大臣[1],他采取的外交方针被称为**协调外交**。

协调外交的想法源自第一次世界大战后的华盛顿体系,主张国际合作,是当时在世界范围内被广泛采用的外交方针。然而,进入20世纪后,日本成为欧美眼中崛起

---

[1] 日本外务大臣是主管外务省的国务大臣,相当于中国的外交部部长,简称"外相"。——译者注

的黄种人国家，这一外交方针似乎也包含了欧美诸国阻止日本发展势头的意图。

实际上，1922年（大正十一年）签署的《华盛顿海军条约》要求主力舰的保存比率英美比日本是五比三。日本当时的军队主力为海军，与其他各国相比，海军存在的意义对于岛国日本来说更为重要。换言之，这一条约意味着令日本的军事力量处于绝不可能超越英美两国的状态。也就是说，以国际协调的名义来削弱日本的国力，这才是美国和英国的目的。而币原喜重郎外务大臣所采取的，正是追随美英这一想法的外交方针。

枢密院非常反对币原喜重郎继续任职外务大臣。因此，枢密院认为要想罢免币原喜重郎这个外务大臣，扳倒若槻礼次郎内阁是为上策。要想扳倒该内阁，只要做令其为难的事情即可。阻挠内阁对台湾银行的救济，这就是枢密院判断能够为难内阁的事情。

其三　金融恐慌的终结——内阁做了什么？

问题3

继任的(1)田中义一内阁实施了延期偿付（支付延缓令），由日本银行进行救助融资，金融恐慌终于平息下来。

其后成立的田中义一内阁由田中义一亲自担任外务大臣。田中义一是原陆军大将出身的政治家，因此与币原喜重郎不同，对待中国也采取了强硬的外交方针。没有了像若槻礼次郎内阁时期那样的阻力，田中义一内阁得以实施以终结金融恐慌为目的的**延期偿付**政策。

所谓延期偿付就是支付延缓令，是在指定的期限内不能从银行取钱的规定。金融恐慌期间设定的延期偿付期限是三周。在这三周的时间里，通过日本银行进行特别融资、中小银行与大型银行合并等手段，让银行恢复体力，从而确保银行不会破产，使得金融恐慌得以终结。

问题3（后续）

题3 在下划线部分（1）的田中义一内阁期间，下述选项中的哪一项并非当时在日本国内外发生的事件？

ア 三·一五事件

イ《治安维持法》的修改

ウ 劳动农民党的成立

エ 济南事件

オ 张作霖被爆炸谋杀事件

题3的要求是选出并非在田中义一内阁时期发生的事件，如果能联想到这一内阁的性格特征的话，题目就能解答出来了。

若槻礼次郎内阁是因为采取了协调外交的方针才被枢密院扳倒的。所以，田中义一内阁采取的是与协调外交相反的方针，也就是所谓的**积极外交**。因此出现了像选项エ中济南事件这样发生在中国的军事冲突，以及选项オ中满洲军阀张作霖被爆炸谋杀的事件。

田中内阁在日本国内也采取了强硬的姿态：通过选项ア的三一五事件等，对共产党实施彻底镇压；对选项イ中的《治安维持法》进行修改，将违反《治安维持法》的最高刑罚提升为死刑。综上可知，正确的答案为选项ウ。

其四 世界经济危机——日本是如何应对的？

问题 4

1929 年 7 月成立的滨口雄幸内阁，为了重建陷于慢性不景气和入超问题之中的日本经济，试图通过财政紧缩、降低物价以及采取产业合理化的手段，强化日本的国际竞争力。并且于 1930 年 1 月解除黄金出口禁令，谋求汇兑牌价稳定和出口量增长。

前文谈到的从战后经济危机到震灾经济危机再到金融恐慌为止的过程，只是日本国内的情况。但是，此后日本经济被卷入了海外经济情势的旋涡之中。

1929年（昭和四年）10月，纽约华尔街股票市场暴跌，由此引发了**世界经济危机**。以美国为代表的海外各国曾享受了第一次世界大战后的经济繁荣，反作用经济危机就在这样的背景下出现了，对日本来说，这是在1920年（大正九年）的战后经济危机、1923年（大正十二年）的震灾经济危机，以及1927年（昭和二年）的金融恐慌相继发生之后的又一次经济危机。或许可以说，其间的情况与2008年（平成二十年）发生雷曼事件时日本的情况是极为相似的。

在世界各国苦于世界经济危机之时，题面中1929年（昭和四年）7月成立的滨口雄幸内阁于次年的1930年（昭和五年）1月实施**解除黄金出口禁令（金解禁）**。

所谓金解禁，指的是让日本发行的所有银行券也就是纸币都可以与黄金进行兑换、交换的措施，这一措施的关键在于兑换交换时规定的汇率。为了使得日本的纸币能够与黄金进行兑换，国家需要制定兑换汇率。

当时的兑换汇率为100日元≈46美元，但滨口雄幸内阁的大藏大臣井上准之助采用了100日元＝49.85美元的兑换汇率，这一汇率被称为旧币价，是1917年日本结束金本位制时的汇率。这一汇率存在着极大的问题。

在100日元≈46美元的实际情况下将汇率设置成49.84美元具有什么样的意义呢?这意味着日元升值。日元升值会怎样呢?对于外国人来说,比如购买100日元的商品时,之前只要支付46美元即可,现在必须付49.85美元才行,也就是说相同商品涨价3.84美元。换言之,在美国人看来,日本设定了这一兑换汇率后,所有日本制品全都涨价了。结果,日本商品的价格较高,商品出口出现寒冬。情况还不止于此。

其五 昭和经济危机——政府的束手无策(?)造成经济大危机

问题5

但是,前一年10月美国发生的经济大危机,波及世界范围内的资本主义国家,日本经济在经济大危机和金解禁造成不景气的双重冲击下陷入严重萧条(昭和经济危机)。

正如前文所述,1929年(昭和四年)10月开始的世界经济危机使得全世界在不景气中挣扎,日本也受到了这种经济萧条的冲击,可谓遭遇了出口寒冬和世界经济危机的双重打击。

到了这里,可能会有人产生一种纯粹的疑问:为什滨口雄幸首相以及井上准之助大藏大臣在世界经济危机的水深火热之中，还要特地实施会导致日本制品涨价的日元升值举措呢？实际上，这么做其实与此次世界经济危机是史无前例的大危机这一事实有关。

这一时期，股价下跌的情况实在严重，因此大部分人猜想之后股价是不是马上就会反弹，这种乐观的看法占据了主流。所以，特地将100日元的价值设定偏低的话，等到股价上涨时，对日本来说就会造成损失。因为同样销售一件100日元的商品，这么一来进账就只有46美元；如果进账是近50美元的话，对日本来说掉进口袋的货币就会增加不少，想通了这一点就很容易理解了。因此，出于这一考虑，井上准之助大藏大臣在预见了今后经济恢复的前提下，实行了以旧币价为基础的金解禁。

然而，此后的世界经济危机，其程度不断加深并且趋于长期化。于是日本的经济就像题面中所叙述的那样，在金解禁和世界经济危机的双重冲击下陷入严重不景气。

其六 农业恐慌——恐慌致使国民期待法西斯主义!?

问题6

（2）<u>贸易大幅缩减，企业接连缩短作业时间或倒闭，失业人数大幅增加。农村中由于农产品价格下跌导致农村经济濒临破产，尤其是东北地方由于受到1931年、1934年歉收的影响变得十分穷困，食不果腹的儿童和女孩卖身的情况层出不穷，事态十分严重。</u>

经济大危机造成的结果是，贸易大幅缩减，企业接连缩短作业时间或倒闭，失业人数大幅增加，农村中农产品的价格下跌，负面影响还远不止如此。

当时的农村，除了大米收入外，蚕茧也是一大收入来源。生丝就是用蚕茧制成的，当时生丝是面向美国最大的出口商品。1909年（明治四十二年），日本已经超过中国成为世界最大生丝出口国，可见蚕茧对农村来说是巨大的现金收入来源。但是，在这一贸易中扮演关键角色的美国陷入了大萧条，而且，作为生丝的替代品，从石油中提炼的尼龙（当时被称为人造丝）使得生丝的需求量大幅减少，造成的结果就是题面中所说的农村经济濒临破产。

特别是1931年（昭和六年）出现了歉收情况，更加深了农村经济的穷困程度，不断有食不果腹的儿童和女孩卖身，事态十分严重。

问题6（后续）

题4　请选出在下划线部分（2）所述的情况下发生的所有事件。

ア　钟渊纺织公司方面提出了调低工资的提案，因此出现了首次大规模的劳资纠纷。

イ　神户的川崎造船所、三菱造船所同时发生了大规模劳资纠纷。

ウ　佃农的劳资纠纷激化，日本制定了《佃农调停法》。

エ　被日本劳动总同盟除名的左派成立了日本工会评议会。

オ　失业中的青年们做的拉洋片大为流行，"黄金蝙蝠"风靡一时。

※　下划线部分（2）贸易大幅缩减，企业接连缩短作业时间或倒闭，失业人数大幅增加。农村中由于农产品价格下跌导致农村经济濒临破产，尤其是东北地方由于受到1931年、1934年歉收的影响变得十分穷困，食不果腹的儿童和女孩卖身的情况层出不穷，事态十分严重。

题4选项ア中的钟渊纺织由于受到了前文所述不景气的影响，提出了大幅下调薪资的方案，围绕这一方案出现了大规模的劳资纠纷。另外，正如选项**才**所述，失业和就业困难的问题非常严重，就像当时流行电影的名字《我毕业了，但……》所说的，即便拥有很高的学历也难以就业，于是就出现了这些失业年轻人制作的拉洋片大为流行的情况。

滨口雄幸内阁未经日本海军军令部的许可，于1930年（昭和五年）缔结了《伦敦海军条约》，为此遭到了强烈的反对。海军军令部是代替天皇发出海军命令的机构，也就意味着，海军军令部的意向就等同于天皇的意向。于是出现了内阁无视海军军令部的意向缔结条约就是无视天皇意向而缔结条约的观点，这样的观点就叫作干犯统帅权。就在干犯统帅权问题被推向风口浪尖之时，滨口雄幸首相在东京站遭到了狙击。虽然滨口首相保住了性命，但由于受伤的缘故，他辞去了内阁总理大臣一职，其后便去世了。

其七　经济恢复的号角和法西斯主义的脚步声同时响起

问题 7

九一八事变后，在1931年12月成立的犬养毅内阁立刻再次禁止了【3】，叫停黄金兑换，谋求向管理通货制度的转换。

虽然军事费用增加，通货膨胀加剧，但是在汇率下跌的形势下，尤其是面向亚洲市场的【4】出口显著增加，1933 年工业生产值恢复到了经济大危机之前的水平。

滨口雄幸内阁辞职后，立宪政友会的犬养毅内阁成立了。犬养毅内阁的大藏大臣高桥是清立即终结了滨口内阁实行的金解禁。这就是空格 3 中的**再次禁止黄金出口**。再次禁止黄金出口的结果是，100 日元 = 49.85 美元的固定汇率体系崩溃。当时的日本经济情况非常糟糕，日本货币价值严重下跌，当时的汇率一度跌到了 100 日元 ≈ 20 美元。

这意味着什么呢？对于美国人来说，同样 100 日元的商品，之前要花 49 美元才能买到，现在只要 20 美元就能购入。也就是说日本制品出现了全部商品半价促销的情况。

于是，日本摆脱了经济危机，经济出现了空前的繁荣。并且，空格 4 中棉织品的出口量显著增加，出口量超过了棉织品的发源地英国，一跃成为世界第一棉织品出口国。英国的工业革命是通过棉织品等商品的出口而实现的，日本的出口量超过了工业革命的发源地，当时的经济繁荣情况可见一斑。此外，正如题面所示，1933 年（昭和八年），日本的工业生产值恢复到了经济大危机之前的水平。

其八 经济繁荣强化了军部和财阀的联系!?

问题8

此外,伴随军需的扩大,与军部相关联的(3)<u>新兴财阀</u>向重化学工业领域进军,得到了快速发展,并在朝鲜、满洲进行投资。另一方面,老牌财阀也强化了重化学工业领域。

另外,在朝鲜和满洲这些受日本影响的地区,诞生了握有利权的新财阀,这就是下划线部分(3)中出现的新兴财阀。新兴财阀通过与军部的关联,向重化学工业领域进军,得到了快速发展。

问题8(后续)

题5 下划线部分(3)之中,以野口遵创立的公司为母体,进军朝鲜进行电力开发、建设了化学联合企业的是以下哪一康采恩[1]?

ア 日产康采恩(包括日本产业等)

イ 日曹康采恩(包括日本曹达等)

ウ 森康采恩(包括森兴业等)

エ 理研康采恩(包括理化学研究所等)

---

[1] 康采恩是德语 Konzern 的音译,原意为多种企业集团,是一种规模庞大而复杂的资本主义垄断组织形式。——译者注

才日窒康采恩（包括日本氮肥料等）

※下划线部分（3）新兴财阀

在这些新兴财阀之中，像题5中所描述的那样，进军朝鲜进行电力开发的财阀叫作日窒康采恩，其中心人物是野口遵。此外，进军满洲的新兴财阀中还有选项ア的日产康采恩，以鲇川义介为中心。

其九 现代的论点——战争是毒品吗？

在上述内阁中，采取国际协调外交方针的内阁是金融恐慌时期的若槻礼次郎内阁以及金解禁时期的滨口雄幸内阁，两届内阁的外务大臣都是币原喜重郎。像这样采取协调外交方针的政权，其经济活动全都失败了，政权本身也走向了崩溃。于是，在日本国民中间出现了一种具有主导性的观点，只要采取协调外交，即对英美为首的欧美列强言听计从的外交，日本的经济发展就没有指望，这样的想法成为将日本推入战争的原动力之一。

而且，犬养毅首相在五一五事件中遭到暗杀，政党内阁制由此崩溃，日本迎来了军部内阁的时代。然而，与此同时，经济发展情况持续好转。并且1933年（昭和八年）围绕伪满洲国问题，联合国代表松冈洋右发布了退出国际联盟的通告，而此时日本的经济发展也是青云直上，因此，日本国民开始相信，如果国家不强大，日本的经济就无法振兴。在战前的电影中也经常能看到这样的场景：因为战争的爆发，国民展现出"日本经济是不是会就此繁荣起来"的期待感。换句话说，日本一头扎进战争的主要原因并非只是军部的鲁莽之举。军部对日本的经济严加约束，同时与像新兴财阀这样握有军事利权的人们联手，以促进经济发展的方式，将国民推进战争的气氛之中。军部就是以这种非常巧妙的方式，一步步将日本引上战争之路的。

对于这些历史，不能觉得这已经是七八十年前的事情了。现如今的我们也有必要密切关注日本有没有以此前同样的方式再行鲁莽之事。

第三部分　大东亚战争

要点　近卫文麿所说的走向战争的道路是什么？

2012年度／社会科学院

让我们通过早稻田大学社会科学院的试题，来探寻日本发动大东亚战争（太平洋战争）的经过。

其一　近卫文麿

问题1【史料】

像这样三国同盟的危险防范手段，一方面这是基于条文解释的内容，另一方面是为了（1）<u>获得苏联的支持，将其争取到三国同盟中来</u>，正因如此陛下才准许了三国同盟，我们也表示赞成。(中略)所以,访问柏林的【A】归国时中途前往莫斯科,与苏联当局交涉的结果是,与德国的预测相反,(2)签订了《日苏中立条约》。

(3)近卫内阁的(4)日美交涉持续了(5)从1941年(昭和十六年)4月到10月为止长达半年的时间。交涉最开始是在高度保密的情况下推进的,但是消息逐渐被外泄的同时出现了种种揣摩臆测,以此为基础,各种批判攻击将矛头指向了政府。但我一直到最后都没有放弃交涉能够成功的希望,专心致志为此倾注努力。

此后,就在(6)东条内阁最终倒向(7)大东亚战争的前夕,在11月29日召开的重臣会议上,我提出依靠国内生产的增加,也有可能避免军需物资陷入日益匮乏状态的观点。如此一来,就并非必须发动对美、英、荷的战争了。我提出,保持经济断交状态,在不发动战争的情况下进行发展,再谋后策如何?对于我的提问,东条首相给出的答复是,内阁成立以来直至今日,已经集中讨论过这一点,但得出的结论是保持经济断交且不进行战争的话,最后还是会不可避免地陷入日益匮乏的状态之中,因此终于决定开战。

(节选自近卫文麿的《迷失的政治》。对部分内容进行了调整)

这里的史料是近卫文麿所写的文章。近卫文麿出身五摄家，也就是五个出摄政、关白的家族之一。近卫家位居五摄家之首，而近卫文麿就是近卫家的当家人。原任贵族院议长，后又就任首相，组阁后在后藤龙之助为首的昭和研究会的指示下开展活动。后藤龙之助与近卫文麿是京都大学时代的朋友，昭和研究会是后藤把近卫文麿当作未来首相人选而组织起来的，完全是私人性质的政策团体。参加这一团体的有许多学者、官僚、记者等，为在日本实施间谍活动的理查·佐尔格提供情报的尾崎秀实也参与其中。

其二 三国同盟的真相

1940年（昭和十五年）德意日三国同盟的确立是日美关系趋于紧张的要因之一。关于该三国同盟，史料的第一行到第二行进行了介绍。

问题1（后续）
像这样三国同盟的危险防范手段，一方面这是基于条文解释的内容，另一方面是为了（1）<u>获得苏联的支持，将其争取到三国同盟中来</u>，正因如此陛下才准许了三国同盟，我们也表示赞成。（中略）所以，访问柏林的【A】归国时中途前往莫斯科，与苏联当局交涉的结果是，与德国的预测相反，(2)签订了《日苏中立条约》。

题1 在与下划线部分(1)、(2)和空格【A】相关的叙述中，不正确的是什么？单选。

イ 下划线部分(1)的构想，是所谓的四国协商构想。

ロ 空格【A】为野村吉三郎。

ハ 日本为了推进南进政策缔结了(2)。

二 日本也将(2)运用在了改善日美关系上。

ホ 苏联于1945年4月通知日本不延长(2)。

此处，近卫文麿写的是，缔结三国同盟的理由是要得到苏联的支持，是为了实现选项イ中的四国协商构想。也就是说，近卫文麿认为，缔结德意日三国同盟并非为了一个劲地奔向战争这条道路，完全是以实现国际协调为目的的。因此选项イ的叙述是正确的。

为了实现近卫文麿的这一想法，当时的外务大臣松冈洋右在缔结了德意日三国同盟后，回国途中前往莫斯科与苏联当局进行交涉，于1941年（昭和十六年）4月签订了《日苏中立条约》。因此空格【A】应为**松冈洋右**，并非选项ロ中的野村吉三郎。另外，野村吉三郎是与美国国务长官科德尔·赫尔进行日美交涉的人。《日苏中立条约》是近卫文麿在第二次近卫文麿内阁时期，为了推进"南进政策"而缔结的。在这里还要说一说为什么要实施南进政策。

以1937年（昭和十二年）7月7日卢沟桥事变为开端，日本侵华战争爆发。12月日军占领南京之后，中国国民党政府逃往重庆，战事陷入泥沼状态。

此时，美国、英国以及荷兰经由佛印也就是现在的越南向逃亡重庆的中国国民党政府送去援助物资。这条援助物资的运送路线叫作**援蒋路线**。日本政府为了早日结束侵华战争，认为切断援蒋路线、孤立迁至重庆的中国国民党政府是十分重要的。1940年（昭和十五年），在第二次近卫文麿内阁政权的领导之下，日本为了切断援蒋路线**进驻北部佛印**。因此，日本遭到了援助中国国民党政府的美国、英国、荷兰的反对，侵华战争逐渐演变成了大东亚战争（太平洋战争）。

考虑到当时的军事力量，日本在实施南进政策的同时还要加强对苏联的警戒是十分困难的。于是松冈洋右外务大臣缔结了《日苏中立条约》，不仅将日本和苏联开战的可能性降至零，还构建起能够集中实施南进政策的体制。此外，正如选项二所示，通过缔结《日苏中立条约》，建立与苏联的良好关系，日本还希望能够通过苏联的居中斡旋，顺利推进日美交涉。事实上，大东亚战争（太平洋战争）即将结束之时，日本确实也曾请苏联进行和平调停。

最后关于选项ホ，苏联于1945年（昭和二十年）2月的雅尔塔会议上，在秘密协定中决定德国投降后两三个月内向日本宣布参战。此后，《日苏中立条约》到了需要决定是否延长的时期，于是苏联告知日本不再延长。后来，苏联单方面无视《日苏中立条约》，于8月8日对日宣战。8月15日天皇通过广播发布终结战争的诏书之后，苏联仍旧继续对满洲及日本北方领土实施侵略，占领了这些地区。

其三 近卫文麿计划怎样处理与美国、苏联的关系？

问题1（后续）

（3）近卫内阁的（4）日美交涉持续了（5）从昭和十六年4月到10月为止长达半年的时间。

题2 与下划线部分（3）相关的，对于第二次近卫文麿内阁以及第三次近卫文麿内阁期间发生的事情，以下叙述不正确的是什么？双选。

イ 军部欢迎卸任枢密院议长的近卫文麿组阁。

ロ 第二次近卫文麿内阁实施了进驻南部佛印的举措。

ハ 为了更换陆相[1]，第二次近卫文麿内阁集体辞职。

---

[1] 陆军大臣的简称，为1945年之前日本帝国内阁政府中陆军最高领导机关陆军省的长官。——译者注

二 第三次近卫文麿内阁期间，美国冻结了在美日本资产。

ホ 美国决定对日本进行石油禁运后，海军内部的开战论浮出水面。

第二次近卫文麿内阁组阁不久后很快就集体辞职了，原因是第二次近卫文麿内阁的外务大臣松冈洋右采取了不得不向美国开战的立场。松冈在冷静地分析了当时的国际情势之后认为日本与美国的交涉很难成功。实际上，在近卫文麿看来，《日苏中立条约》是为了取得日美和平的一个筹码，而松冈洋右则认为日本事实上不可能同时与美国、苏联两方面开战，因此，为了与美国开战就需要与苏联签订中立条约。近卫文麿为了更换松冈洋右外务大臣，主动选择了内阁的集体辞职。因此并非ハ选项中所述为了更换陆军大臣，而是为了更换外务大臣，所以选项ハ错误。

其后，第三次近卫文麿内阁成立，在第三次近卫文麿内阁期间，日本进驻北部佛印后又进一步**进驻南部佛印**。因此选项ロ中进驻南部佛印并非在第二次而是在第三次近卫文麿内阁期间发生的，所以ロ也是错误的。

那么，为什么进驻南部佛印会发生在第三次近卫文麿内阁期间呢？1940年（昭和十五年）废除《日美通商航海条约》的实际执行是一个重要原因。当侵华战争陷入泥沼状态之时，美国于1939年（昭和十四年）宣布废除《日美通商航海条约》,1940年(昭和十五年)生效。其结果是美国不再向日本运输石油等原材料,日本陷入了资源短缺的困境。因此,为了获得石油和铝土矿,日本进驻了拥有丰富资源的南部佛印。

对于日本进驻南部佛印的行为,美国进一步强化了经济制裁,正如题2选项二所述,冻结了在美日本资产,决定对日本进行石油禁运。这些举措导致日本国内的石油储备仅够使用两年,至今对开战持消极态度的海军也认为应该在石油储备枯竭之前开战,所以题2选项ホ的内容是正确的。

此后,在第三次近卫文麿内阁的领导下,日本政府开始进行日美交涉。近卫文麿的立场是日本和美国、苏联都不开战,这是一种理想的状态。但从冻结在美日本资产等强硬态度来看,美国对于此次日美交涉是不会轻易妥协的。

其四 日美交涉是否是解决之道?

问题1(后续)

(3)近卫内阁的(4)日美交涉持续了(5)从昭和十六年4月到10月为止长达半年的时间。

题4 对于在下划线部分(5)期间发生的事情,以下叙述正确的是什么？单选。

イ《帝国国策施行要领》的确定

ロ《帝国国防方针》的修改

ハ《国家总动员法》的制定

二 大政翼赞会的成立

ホ 国民精神总动员运动的开始

日美交涉是在第三次近卫文麿内阁时期的 1941 年（昭和十六年）4 月到 10 月期间进行的。对于日美交涉，陆军主张早日开战，因此 9 月 6 日在天皇陛下的面前召开了御前会议。此次御前会议决定将日美交涉的期限设置在 10 月上旬，届时如果交涉不顺利，则对美国、英国、荷兰宣战。这就是题 4 选项イ中"《帝国国策施行要领》"的内容，因此该选项正确。

美国在日美交涉中没有爽快答应日方预想的条件。因此，日美交涉错过了 10 月上旬的期限，一直拖到了 10 月中旬。近卫文麿仍然希望能够继续日美交涉，但陆军大臣东条英机认为已经过了 10 月上旬之期，以这一理由与近卫文麿针锋相对。10 月 16 日，近卫内阁集体辞职。

其五 东条英机为何成为首相?

问题 1（后续）

此后，就在（6）东条内阁最终倒向（7）大东亚战争的前夕，在 11 月 29 日召开的重臣会议上，我提出依靠国内生产的增加，也有可能避免军需物资陷入日益匮乏状态的观点。如此一来，就并非必须发动对美、英、荷的战争了。我提出，保持经济断交状态，在不发动战争的情况下进行发展，再谋后策如何？对于我的提问，东条首相给出的答复是，内阁成立以来直至今日，已经集中讨论过这一点，但得出的结论是保持经济断交且不进行战争的话，最后还是会不可避免地陷入日益匮乏的状态之中，因此终于决定开战。

题 5 下列与下划线部分（6）相关的叙述中，正确的是什么？双选。

イ 木户幸一内大臣推荐东条英机成为后任首相。

ロ 东条内阁以首相兼任外务大臣的形式成立了。

ハ 在东条内阁期间举行的总选举中，当选的议员大多数都是接受政府援助的推荐候选人。

ニ 为了让选举对己方有利，东条内阁在总选举之前组织了翼赞政治会。

ホ 虽然进行了选举，但东条内阁期间的议会活动是停滞的。

结果，以陆军大臣东条英机为首相的内阁成立了。作为东条英机内阁成立的一个条件，推荐他成为后任首相的木户幸一内大臣所列举的最重要问题是继续日美交涉。此外，东条英机是陆军出身，因此内阁是以他兼任陆军大臣的形式成立的，所以选项ロ中兼任外务大臣的说法是错误的。

其六 《赫尔备忘录》令人震惊的内容

问题1（后续）

题3 与下划线部分（4）相关的下述选项中，对《赫尔备忘录》的内容叙述不正确的是什么？双选。

イ 要求日本实质性地废除德意日三国同盟。

ロ 要求日本否认"满洲国"。

ハ 要求日本从中国、佛印无条件撤退。

ニ 要求日本回到卢沟桥事变以前的状态。

ホ 要求日本否认重庆政府。

※ 下划线部分（4）日美交涉

最终，美国国务卿赫尔在1941年（昭和十六年）11月提出了《赫尔备忘录》。《赫尔备忘录》首先要求日本实质性地废除将美国作为假想敌国而缔结的德意日三国同盟。因此，题3的选项イ是正确的。

此外，美国从日俄战争之后就盯上了满洲的权益。所以正如选项ロ所示，强烈要求日本否认"满洲国"。同时，美国站在了通过援蒋路线向中华民国政府输送援助物资的立场上，因此对于日本为了截断中国和援蒋路线而进驻北部佛印以及南部佛印的行为持否定态度。所以提出了选项ハ中要求日本从中国、佛印无条件撤退的条件。并且，《赫尔备忘录》的内容十分强硬，要求日本回到九一八事变以前的状态，并非选项ニ中所说的回到卢沟桥事变以前的状态。

卢沟桥事变是侵华战争的开端，而美国的要求是日本回到更早的九一八事变也就是柳条湖事件以前的状态。这一要求几乎等同于让日本不战而向美国无条件投降，因此选项ニ是错误的。

另外，选项ホ的内容是要求日本否认重庆政府，但重庆政府是美国通过援蒋路线援助的中国政府，很难想象美国会要求日本否认重庆政府，所以选项ホ也是错误的。

其七 东条内阁的战争合作体制是什么？

在前述的《赫尔备忘录》于 11 月 26 日被提出之后，东条英机内阁期间实施的日美交涉正式决裂，日本于 12 月 8 日袭击珍珠港，并且挺进大东亚战争（太平洋战争）之中。

题 5 下列与下划线部分（6）相关的叙述中，正确的是什么？双选。

イ 木户幸一内大臣推荐东条英机成为后任首相。

ロ 东条内阁以首相兼任外务大臣的形式成立了。

ハ 在东条内阁期间举行的总选举中，当选的议员大多数都是接受政府援助的推荐候选人。

ニ 为了让选举对己方有利，东条内阁在总选举之前组织了翼赞政治会。

ホ 虽然进行了选举，但东条内阁期间的议会活动是停滞的。

※ 下划线部分（6）东条内阁

处在大东亚战争（太平洋战争）之中的东条英机内阁举行了时隔 5 年的总选举，这一选举被称为翼赞选举。为什么会得名翼赞选举呢？因为这是大政翼赞会决定推荐候选人的选举。大政翼赞会这一团体的目标，是让国民为战争而团结一致。选举中由大政翼赞会决定推荐候选人，而这些推荐候选人绝大多数都当选了。因此，由大政翼赞会推荐者组成的翼赞政治会成立了。

所以，选项ハ中的内容是正确的。而选项ニ中的翼赞政治会并非在总选举前而是在总选举后组成的，选项ニ是错误的。

结果，议会中绝大多数的议员都是受到大政翼赞会推荐而从属于翼赞政治会的，国会成了只能一味追认军部行动的机关。因此，议会的活动实质上处于类似停滞状态，但并非选项ホ中所说的议会活动本身停滞了。只能说虽然议会是存续的，但议会上并没有活跃的议论，所以选项ホ错误。

其八　大东亚战争的目的是什么？

问题1（后续）

题6　下列与下划线部分（7）相关的叙述中，不正确的是什么？双选。

イ　战争爆发之前日本就倡导"大东亚共荣圈"。

ロ　"满洲国"没有派代表参加在1943年举办的大东亚

会议。

ハ 战争中，征兵制也适用于台湾。

二 战争中，日本在泰国和佛印等地实行军事统治。

ホ 战时1934年，朝鲜出产大米的对日出口率超过60%。

※ 下划线部分（7）大东亚战争

大东亚战争(太平洋战争)的目的正如题6选项イ所示，是为了建设"大东亚共荣圈"。当时，亚洲各国几乎都遭到了欧美各国的侵略。保持国家独立的只有日本和泰国，中国的海岸线也几乎都成了租借地，实质上正在转化为欧洲的殖民地。在这样的背景下，日本提出了"大东亚共荣圈"的概念，以日本为中心，构建不受欧洲侵略的、强大而和平的亚洲。

但中国政府对这一构想没有做出回应，并且美英等欧美国家认为"大东亚共荣圈"的构建是一种威胁。美英等国家企图分裂同处亚洲之中的日本和中国，其中一个手段就是援蒋路线。由于上述原因等，"大东亚共荣圈"的建设并不顺利。

一般认为"满洲国"实质上是日本建立的傀儡政权，因此1943年（昭和十八年）举办大东亚会议时"满洲国"当然派出了代表参会。所以，题6的选项ロ错误。

这里的大东亚会议，指的是为了实现"大东亚共荣圈"，亚洲各国代表聚集起来召开的会议。参会的有"满洲国"、中国南京的汪兆铭政权、泰国、缅甸、自由印度、菲律宾等地的代表。

另外，关于征兵制，一开始只适用于日本人，朝鲜和台湾并没有被征兵。相反，许多朝鲜人和台湾人是以志愿兵的形式参与战争的。但到了战争末期，朝鲜和台湾等地也开始实施征兵制，因此选项ハ是正确的。

此外，日本在战争中对很多地区实行了军事统治，但在当时的独立国家泰国和法属中南半岛没有实施军事统治。所以，选项ニ是错误的。

其九　美国对日本的所作所为

问题1（后续）

题8　在下划线部分（7）中，下列与战争对人们造成伤害有关的叙述，不正确的是什么？双选。

イ 1945年3月10日东京大空袭的死亡人数在10万以上。

ロ 除去原子弹爆炸的受害者，日本全国范围内因空袭死亡的人数达25万以上。

ハ 在1945年3月开始的冲绳战役中，日方牺牲人数达30万以上。

二 美军在长崎投下原子弹后，即刻死亡人数约为 20 万。

ホ 截至 1956 年，被苏联强行带走、扣留的日军士兵死亡人数达 6 万以上。

※ **下划线部分（7）大东亚战争**

当美军攻陷塞班岛之后，日本在大东亚战争（太平洋战争）中的局势变得极度不利。塞班岛的陷落为何会让日本陷入极度不利的态势之中呢？当时美国 B-29 轰炸机的续航距离只能支持从塞班岛起飞，在日本国内投下炸弹后径直返回塞班岛。在塞班岛被攻下之前，美国控制的地区都比塞班岛距离日本更远，因此日本国内没有遭受无时无刻的空袭。但塞班岛被攻陷之后，日本国内频繁遭受空袭的可能性出现了。因此，东条英机内阁在塞班岛失守之后集体辞职了。当时，日本国内将塞班岛定义为**绝对国防圈**，也就意味着这条防线是无论如何都必须守住的。

以塞班岛陷落为契机，美军开始了对日本的空袭。正如选项ロ所示，除去原子弹爆炸的受害者，全国范围内因空袭死亡的人数达 25 万以上。虽然美军主张完全以军事基地为对象进行空袭，但实际上是对一般民众的住宅区域进行了**无差别轰炸**，美国持续实施这种惨无人道且违反国际法的轰炸。就像选项イ所说的，1945 年 3 月 10 日的东京大空袭，仅仅一夜的时间就造成 10 万人死亡。在 4 月开始的冲绳战役中，日方死亡人数为18万以上，这一数字对于当时60万人口的冲绳来说是非常大的比率。因此，冲绳战役并非从选项ハ中所说的3月开始而是从4月开始的，死亡人数也并不是30万人而是18万人以上，从这两点可以判断选项ハ错误。

并且，美国为了在第二次世界大战结束后取得有利的国际立场，最终在8月投下了原子弹。8月6日在广岛投下原子弹后立刻造成12万人死亡。三天后的8月9日在长崎投下原子弹，造成7万多人丧生。选项ニ是有关广岛原爆的叙述而非长崎，所以ニ错误。就在原爆发生前后的8月8日，苏联对日宣战。日本御前会议上得出了战争不可能继续的结论，以此为基础，日本在8月14日接受《波茨坦公告》，从8月15日正午开始，天皇陛下首次通过广播宣读了终结战争的诏书，日本迎来了战争的结束。美国方面一般认为，9月2日日本在东京湾密苏里号上签署投降书后，战争才真正宣告结束。

其十 现代的论点——美国真的正义吗？

很遗憾，现代教科书的论调给人的印象是，大东亚战争中日本的所有行为都是恶的，而美国所有的行为都是正义的。当然，我完全没有否定日本战争责任的想法。但有史以来，战争中能够简单分辨出孰善孰恶的情况少之又少。

面对国际社会，日本国民需要的是对当时情况的全面了解，包括当时逼得日本不得不走上大东亚战争道路的情势，以及美国行为中不人道的部分，等等。

第四部分　核能问题

要点　导致现今核能问题的战前电力行政

2014 年度 / 法学院

要理解核能问题，就有必要上溯到战前的国家电力管理。

侵华战争爆发后，电力就归属于国家统一管理。这样的管理方式在战争结束之后以日本经济复兴和发展的名义继续传承了下去。垄断企业化的电力公司在发展中掌握了巨大的利权，逐步走向推进核能发展的道路。

2014 年早稻田大学法学院的入学考试试题，用四篇文章展现了电力企业是如何推进核能发展的。

其一　电力的国家管理

第一篇文章摘自小岛直记的著作《松永安左工门的生涯》。松永安左工门（1875—1971年）被称为战前的"电力王"，出生于长崎县的壹岐。庆应义塾肄业后创立了九州电气，九州电气和关西电气合并后更名东邦电力，发展成为覆盖九州、近畿、中部的大型电力公司。其后，松永设立东京电力作为东邦电力的子公司，与当时在东京颇有实力的东京电灯争夺霸权并获得胜利。就这样，完成东京电力企业合并的松永，被人们称为"电力王"。

松永认为即使不诉诸战争，日本经济也不会出现问题，因此他坚决反对国家管理电力。

但日本在1937年（昭和十二年）开始了全面侵华战争，1938年（昭和十三年）第一次近卫文麿内阁制定了《**国家总动员法**》。如此一来，政府无须议会通过，就可以调动战时所需的物资和劳动力，也就是说把国民全面置于政府的统治管理之下。在颁布《国家总动员法》的同时，政府想要把电力也全面纳于国家的管理之下。对此松永提出了以下忠告。下文是法学院的入学考试试题。

问题 1

(被称为"电力之鬼"的财界人士松永安左工门提出)"根据事实来考虑的话,不远的将来可能会发生电力饥馑……我担心昭和十四、十五年,电力的饥馑真的会成为现实。即便如此,不管在意识形态还是企业性质上,它通过后的计算都显得如此的不清晰。如果议会通过a本案,我只能断定,就算我们使出浑身解数,电力饥馑的时代终将到来",事实正如他的预言。

(小岛直记《松永安左工门的生涯》)

题 1 下划线a中的本案是与《国家总动员法》同年通过的法案,该法案使得国策公司得以垄断电力企业的重要部门。请用汉字写出该法律的名字。

正确答案是《电力国家管理法》。该法律规定民间的电力公司合并成为一个国策公司,名为日本发送电公司。根据该法律,这一国策公司拥有日本国内所有的重要发电和送电设备。

而配电工作在制定了《电力国家管理法》之后仍然由民间企业负责。大东亚战争(太平洋战争)开始前不久的1941年(昭和十六年)8月,政府公布了《配电统制令》。将全国分为9个大区(北海道、东北、关东、中部、北陆、近畿、中国、四国、九州),在每个大区内设立新的配电公司,这些配电公司归国家管理。由此，配电也划归国家管理的范畴。

在这样的举措之下，松永设立的东邦电力被迫解散，而松永也不得不从财界引退。

其二　电力企业的重组

第二篇文章出自大谷健的著作《兴亡电力相关的政治和经济》。

战争结束之后，推行占领政策的GHQ认为，当时执掌日本电力行业的日本发送电公司和9个配电公司是垄断企业，命令电力企业进行重组，但日本政府迟迟没有下定决心落实其要求。因此GHQ出面，促使日本断然实行了电力界的重组，题面中记述了当时的情况。

问题2

（因电力重组法案被否决而失去耐心的）GHQ进一步在1950年7月23日通过持股公司整理委员会发出通知：在重组法案通过之前，对《过度经济力集中排除法》的指定公司即日本发送电公司以及9个配电公司的设备新增、扩张、迁址、增资、公司债券发行行为均不予认可。GHQ使出了真正的撒手铐。……在第九次国会召集日之后的11月22日下午，盟军最高司令官麦克阿瑟元帅的书信送到了日本首相吉田茂的手中。信的内容是"以总司令部已经同意的在第七次国会上提出的政府方案为基础，尽快解决电力企业的重组问题"。间不容发，……11月24日《电力企业重组令》和《公益事业令》颁布，从12月15日开始实施。这是无须国会审议，基于占领军司令官大权发布的所谓【A】政令。麦克阿瑟的权威还没有消失。

（大谷健《兴亡电力相关的政治和经济》）

题2 请将最适合填入空格A中的语句写在答题纸上。

空格中应该填写**波茨坦**。波茨坦政令是GHQ不经国会的审议独断颁布的法令。

根据这一波茨坦政令，日本政府于1950年（昭和二十五年）颁布了《电力企业重组令》和《公益事业令》。基于这些法令，以电力企业重组中央委员会为中心，完成了对电力公司的重组。

事实上，该委员会是由日本发送电公司总裁以及9个配电公司的社长组成的。也就是说，电力公司没有实现根本性的重组。各地区存在的所有电力设备移交给了新设立的9个电力公司（北海道电力、东北电力、东京电力、中部电力、北陆电力、关西电力、中国电力、四国电力、九州电力）进行管理，最终的管理形式与战前相比基本没有变化。

其三 禁止原子弹、氢弹的动向

冷战开始之后，核能成为美国的一张王牌，但另一方面，核能的弊病也开始显现出来。

相关内容在第三篇摘录山冈淳一郎著作《核电与权力》的文章中有详细的描述。让我们来看一看题面。

问题3

美国政府决定将其几乎垄断的核能相关技术与他国分享。意图用核能这一诱饵将众多国家拉拢到西方阵营。……美国一边在核战略中倡导和平利用核能，一边继续进行核武器的开发。1954年3月，美国在南太平洋的比基尼环礁强行开展氢弹实验。毫不知情的日本远洋鲔鱼渔船【B】在工作时遭受放射线照射，无线通信长【C】不治身亡，留下遗言"希望我是最后一个原子弹的受害者"。就在冷战如火如荼地进行之中，日本政府开始利用核能。

（山冈淳一郎《核电与权力》）

题3 请写出空格B缺少的五字船名。

题 4 请用汉字写出空格 C 缺少的姓名。

空格 B 应该填写的是**第五福龙丸**，空格 C 缺少的是**久保山爱吉**。

1954 年（昭和二十九年），美国在中部太平洋的比基尼环礁进行氢弹试爆。当时日本渔船第五福龙丸遭到放射线照射，船员久保山爱吉暴露在被称为"死亡之灰"的放射性降尘之中，之后死亡。

以此事件为契机，作为唯一遭受原子弹攻击的国家，日本国内禁止原子弹、氢弹的运动迅速壮大。1955 年（昭和三十年）8 月，第一届禁止原子弹、氢弹世界大会在核武器打击地广岛召开。

但是，正如题面所述，日本还是开始了对核能的利用。

其四 向着核能利用前进的政府

禁止原子弹、氢弹运动风起云涌的同时，日本的核能政策也在稳步推进。就在第一届禁止原子弹、氢弹世界大会举办后三个月的 1955 年（昭和三十年）11 月，日本政府签订了《日美核能协定》。

谈及这一问题时，早稻田大学引用了橘川五郎的著作《电力改革》。

问题 4

日本开始利用核能发电是在 20 世纪 50 年代中期。1955 年,通过了【D】等核能三法。……日本原子能发电公司在 1966 年 7 月开始【E】发电站(12 万 5000 千瓦)的运转,第一次实现了我国的商业核能发电(此前 1963 年 10 月日本原子能研究所在茨城县【E】村试验动力炉中成功完成了日本的首次核能发电)。

(橘川五郎《电力改革》)

题 5 空格 D 中缺少的是规定了核能的研究、开发、使用仅限于和平利用的相关法律。请将该法律的名字写在答题纸上。

题 6 请将最适合填在空格 E 中的语句写在答题纸上。

空格 D 应当填写《原子能基本法》,空格 E 中缺少的是东海(村)。

鸠山一郎内阁基于《日美核能协定》,制定了《原子能基本法》。据此,日本引进了浓缩铀,开始了仅限和平利用目的的核能研究和开发。

1956 年(昭和三十一年),日本政府在茨城县东海村设立了原子能研究所。该研究所在七年后的 1963 年(昭和三十八年)首次成功发电,此后日本开始在各地设置核电站。

其五 核能事业的发展与"福岛"

1990年（平成二年），日本核能发电比例超过20%，2002年（平成十四年），全国的核电机组超过50个。核能对加剧温室效应的影响小、成本低、能够提供大量的能源，因此作为新时代发电的核心曾备受期待。

但1979年美国的三哩岛发生核泄漏事故，1986年苏联的切尔诺贝利出现核事故，核电大型事故接连不断。

1995年（平成七年），日本福井县的核电站也发生了快中子增殖反应堆"文殊"的钠泄漏事故，1999年（平成十一年）茨城县东海村的JOC核燃料制备厂出现了临界事故，多人遭受放射线照射。即便如此，政府依旧继续宣传核能发电是安全的。于是，最终在2011年（平成二十三年）3月11日，发生了史无前例的核事故。

其六 现代的论点——重启核能发电的真正"理由"

如下，早稻田大学法学院引用了橘川五郎的《电力改革》来收束试题。

问题 5

伴随 2011 年 3 月 11 日的东日本大地震,发生了东京电力福岛第一核电站事故。以此为契机,日本开始对能源政策进行彻底的重新审视。

由于福岛第一核电站事故的发生,2012 年确立的"能源基本计划"(内阁会议决定)——到 2020 年年底新设 9 个核电机组,到 2030 年为止至少新增 14 台核能发电设备的计划面临破产,这一点已经不言而喻。……

(橘川五郎《电力改革》)

但同时,首相安倍晋三在申办东京奥运会时,发表演讲称"福岛的情况已经完全处于控制之下",这一演讲可以说宣布了核事故的结束,日本成功取得了东京奥运会的举办权。此外,日本政府将逐步重启已经确认安全性的核电站,这一方针完全没有改变的迹象。而另一方面,福岛核电站的水污染问题至今仍未解决,污染水在五年后的今天仍在继续排向海洋。另外,核电站周围的居民至今仍然未能回到故乡,被迫过着不便的生活。以欧洲各国为中心,禁止进口日本食品的形势依然没有出现转机。

福岛核事故可以说是人类史上最严重的事故,但仅仅过了五年,依旧言犹在耳之时,日本就要重新启动核电站,这是技术进步带来"惊人复兴"的象征,还是日本走向毁灭的第一步呢?早稻田大学的这一题着实发人深思。

第五部分　政治家的渎职

要点　从大正、昭和时期政治家的道德看日本近现代史

2010年度/法学院

政治家与渎职事件的历史非常悠久，最早可以追溯到距今一千五百年前的公历540年。当时的最高权力者大伴金村在将朝鲜半岛中的领土交与百济之时收取了贿赂，事情败露后他因此倒台。让我们通过2010年度法学院的试题谈一谈为什么会发生渎职事件。

实际的试题中与渎职事件相关的短文是乱序排列的，但这里我们按照时间顺序分别介绍这些事件。

其一 西门子事件——渎职事件与藩阀有何关联?

问题 1

②西门子事件指的是,向日本贩卖军舰发电机等产品的西门子公司贿赂海军现役将官的事件,【B】内阁因此集体辞职。【B】辞职之后,在言论界和民众中呼声很高的【C】内阁组阁。

试题中叙述的内容是1914年(大正三年)发生的西门子事件。所谓西门子事件,正如题面中写的那样,是有关海军的渎职事件。该事件发生之后,原海军大将也是当时内阁总理大臣的山本权兵卫内阁被迫集体辞职。所以,空格B应当填写**山本权兵卫**,其后成为内阁总理大臣的是空格C中当时在国民中享有非常高人气的**大隈重信**。大隈重信在1882年(明治十五年)创设了东京专门学校(现在的早稻田大学)。

那么,因为西门子事件被迫集体辞职的山本权兵卫内阁究竟是什么样的内阁呢?我们一起来看一看。

山本权兵卫内阁是在第一次护宪运动后不久,以该运动为契机成立的内阁。第一次护宪运动是为了反对当时的藩阀政治而发起的运动,打出的口号是"打破阀族、拥护宪政"。所谓阀族就是藩阀的意思,藩阀是指原萨摩藩、原长州藩出身的人，这些人执掌着日本当时的政治。发起第一次护宪运动的人们，批判藩阀实行独裁政治。这一运动声势浩大，甚至发展到了护宪派人士包围国会的程度。其结果是，当时的内阁即第三次桂太郎内阁，在仅仅五十多天后便宣布辞职，于是山本权兵卫成了内阁总理大臣。

虽然山本权兵卫本身是萨摩出身并且是来自海军的人物，但山本权兵卫内阁的执政党是立宪政友会，也就是在第一次护宪运动中发挥中心作用的政党。因此，山本内阁是顺应护宪运动者意志的内阁。例如，山本内阁通过对军部大臣现役武官制度的修改，开辟出了非现役武官也就是说非军人也可以成为陆军大臣、海军大臣的道路。在修改制度之前，如果要组建不符合军部意向的内阁，就会出现军部不任命陆军大臣的情况，最终导致无法成功组阁。

对于山本内阁的这种做法，藩阀以及军部都表示反对。在这样的背景之下，海军的渎职事件被曝光了。有一种猜测认为，有人想要击垮山本内阁，于是采取曝光渎职事件的手段，迫使山本内阁辞职。

其二 帝人事件——人造丝中的利权和黑暗

接下来出现的渎职事件是⑤帝人事件。

问题2

⑤部分银行的经营状况恶化，日本各地出现了挤兑风波。飞速发展的商社铃木商店破产，该商店将帝国人造丝公司（帝人）的股票作为担保向台湾银行进行了巨额融资。a 台湾银行也因此陷入了经营危机，金融界的混乱升级。内阁发布【F】命令，日本银行进行巨额非常放款后金融恐慌趋于平息。其后，围绕被作为担保的帝人股票发生了收受贿赂事件，该事件被称为帝人事件。

帝人事件是围绕题面中所述帝国人造丝公司发生的贿赂事件。1934年（昭和九年）在进行帝国人造丝的股票买卖时，帝人高管以及大藏省干部因渎职收受贿赂罪被逮捕。这一事件导致齐藤实内阁集体辞职。

此处所说的"人造丝"指的就是尼龙，当时尼龙作为代替生丝的材料是享有很高期待值的产品。

日本从幕末以来以生丝的出口为主，当时尼龙还没被发明出来，生丝发挥的作用和现代的尼龙相同。因此，生丝作为生活必需品大量出口美国等地。但到了昭和初期，尼龙（人造丝）作为人类的新发明得到普及。在1929年（昭和四年）发生的世界经济危机作用之下，尼龙在美国以及世界各地被广泛使用，结果导致日本生丝的出口量锐减。

制造生丝的原材料是蚕茧,当时日本农村很多人都会养蚕,这是农村重要的现金收入来源。因此,生丝出口量的锐减对日本农村造成了巨大的打击,令其陷入贫困之中。正处于昭和经济危机之中的日本因而遭遇了史无前例的经济不景气。为了打破这样的局面,出现了允许军部进军大陆的动向。

伴随着尼龙的普及,围绕有升值希望的帝人股票发生了收受贿赂的事件,这就是所谓的帝人事件。而帝人事件的起因,是此前发生的金融恐慌。

问题2(后续)

题9 下列与下划线a相关的叙述中,表述正确的组合是什么?单选,答案涂写在答题纸相应位置。

(1)金融恐慌越演越烈,社会运动和劳动运动等活跃起来,为了解决治安混乱问题,日本政府制定了《治安维持法》。

(2)这一年年末大正天皇逝世,摄政的裕仁亲王(后来的昭和天皇)即位,改年号为昭和。

(3)若槻礼次郎内阁为了救济台湾银行向枢密院提交了紧急敕令案但遭到否决,内阁集体辞职。

(4)"田中义一内阁虽热心于救济银行、商店,但对于我国在支那的侨民以及对支那贸易没有实施任何措施",因此遭到谴责。

（5）高桥是清作为田中义一内阁的大藏大臣，着手收拾金融恐慌的局面。

あ（1）和（3）

い（1）和（4）

う（2）和（3）

え（3）和（5）

お（4）和（5）

※ 下划线 a 台湾银行也因此陷入了经营危机，金融界的混乱升级

金融恐慌指的是银行经营状况恶化，以中小银行为中心，银行相继倒闭的事态。发生金融恐慌时的内阁是题 9 选项（3）中的若槻礼次郎内阁。若槻礼次郎内阁为了救济台湾银行向枢密院（天皇的咨询机构）提交了紧急敕令案。但遭到了枢密院的否决，因此若槻礼次郎内阁不得不集体辞职。

其后成立的内阁是立宪政友会的田中义一内阁。田中义一内阁的大藏大臣高桥是清实施了空格【F】中的**延期偿付**，正如题 9 选项（5）所述，以此结束了金融恐慌，所以正确答案是（え）。

而此时，围绕被作为担保的帝人股票发生了收受贿赂

的事件。这次渎职事件发生在今后有可能成为明星行业的新兴产业之中,成了同类事件的一个典型,可以称得上是具有先驱性的事件。

但 1937 年(昭和十二年),因帝人事件被起诉的所有人员均无罪释放。此前被捕人员在检察方强硬的审讯之下勉强认罪的事实大白于天下。被捕人员的拘留时间长达 200 天,还有人因为受不住连日的拷问而认罪。

此处最为关键的是帝人事件发生时的齐藤实内阁。该内阁是犬养毅首相在 1932 年(昭和七年)发生的五一五事件中被暗杀后成立的,犬养毅是立宪政友会的内阁。当时很多人对政党内阁感到不满,这些反对势力暗杀了犬养首相。其后组阁的齐藤实虽说是海军出身,但属于稳健派,并非能够顺应军部和右翼议员意志的内阁。帝人事件的发生,可能是对这一内阁感到不满的势力,为了推翻齐藤实内阁而捏造了这场全员无罪的渎职事件。

其三 昭和电工事件——是否与 GHQ 的图谋有关?

接着是⑥,这是在战后不久 1948 年(昭和二十三年)发生的事件,名为昭和电工事件。

问题3

⑥昭和电工是当时日本首屈一指的化学肥料公司。b 围绕政府对昭和电工的巨额融资，政界、官界出现了大规模的贿赂活动，被称为昭电贪污事件（昭和电工事件）。

正如题面所说，昭和电工是当时日本首屈一指的化学肥料公司。面对战争结束后不久出现的粮食短缺现状，增加粮食产量是一个最重要的命题。因此，能够对粮食增产做出贡献的肥料行业，可以说是成了战后粮食短缺时代的明星产业。像这样在备受瞩目的当代明星产业中出现渎职事件的情况，历史上屡见不鲜。

问题3（后续）

题12 关于下划线b，在这一事件中集体辞职的内阁，其总理大臣是谁？请用汉字将姓名写在答题纸上。

※ 下划线b 围绕政府对昭和电工的巨额融资，政界、官界出现了大规模的贿赂活动

因这一事件集体辞职的是题12中需要填写的芦田均内阁。虽然芦田均本身是民主党人，但芦田均内阁是三党的联立内阁。三党分别是民主党、日本社会党以及国民协同党，这里会有疑问的是日本社会党的存在。日本社会党是1947年（昭和二十二年），在宪法制定后第一次总选举

中成为多数党的政党。但日本社会党的席位没有超过半数，因此成立了民主党和国民协同党三党的联立内阁。第一个三党联立内阁是日本社会党的片山哲内阁。片山哲内阁由于社会党内部发生对立而集体辞职，其后组建的是芦田均内阁。

芦田均内阁成立不久之后的1948年（昭和二十三年）1月，美国陆军部长发表了转换占领政策相关的演说。占领日本的盟军（GHQ）最开始想让日本成为一个贫穷的国家（农业国），因为盟军认为日本国力增强后，会再次对美英造成威胁。

然而，战后美国被卷入了与苏联对峙的时代，也就是**冷战**时代。在距离日本很近的地方，除了有冷战的中心苏联，还有共产党势力逐渐占上风的中国[中国于次年1949年（昭和二十四年）成立中华人民共和国]，以及由苏联实行军事统治的朝鲜等国家，这些国家纷纷与美国对立。因此，为了与这些远东国家进行对峙，日本的作用就变得十分重要了。也就是说，美国开始考虑非但不削减日本的国力，还要让日本获得一定程度的经济力量，通过这一手段让日本成为能够与以苏联为首的东方阵营进行对峙的势力。

在这样的情形之下，虽说芦田均内阁是联立内阁，但毕竟有社会党的参与，GHQ并不欢迎这样的内阁，这一点是十分容易推断的。而此时，出现了前副总理即日本社会党书记长西尾末广被检举收受贿赂的事件。这就是试题中所说的昭和电工事件，结果导致与日本社会党联立的民主党芦田均内阁倒台，而后民主自由党的吉田茂内阁成立。此外，经过这一事件之后，追捧日本社会党的热潮渐渐退去。

当然，我们并不能明确地说是GHQ曝光了昭和电工事件，但考虑到当时的时代背景，确实让人不禁浮想联翩。

问题3（后续）

题11　下列与下划线b相关的叙述中，对昭电贪污事件发生的时代背景叙述正确的组合是什么？单选，答案涂写在答题纸相应位置。

（1）由于大量的退伍以及归国人员，国民生活尤其城市生活中出现了极其严重的粮食及住宅缺乏问题。

（2）在GHQ确定了生活物资的公定价格后物价水平稳定，粮食缺乏问题也得到了暂时性的缓解。

（3）在粮食劳动节上，有人举着标语牌，上书"朕吃饱喝足，尔等人民饿死去吧"。

（4）为了解决粮食短缺问题并且发展日本经济，就必须组建强有力的保守政党。于是日本民主党和自由党合并，组成自由民主党。

（5）为了解决粮食短缺问题必须赚取外汇的日本政府改变了政策，开始重视重工业。

あ（1）和（2）

い（1）和（3）

う（2）和（4）

え（3）和（5）

お（4）和（5）

※下划线b 围绕政府对昭和电工的巨额融资，政界、官界出现了大规模的贿赂活动

这是一道有关当时社会背景的试题。正如选项（1）所示，当时由于大量的退伍以及归国人员回到日本，粮食短缺问题更加严重。退伍指的是军人退出现役，归国是指居于外地的日本人返回日本。据说两者相加的人数超过600万，使得原本就十分严峻的粮食问题更加恶化。

另外，以当时粮食短缺问题为背景，选项（3）中所说的1946年（昭和二十一年）战后首次的劳动节也是以粮食问题为中心展开的，被称为粮食劳动节。所以本题的正确答案是选项い。

其四　造船丑闻——为日本带来诺贝尔和平奖的不逮捕

下面登场的是在十年后的1955年发生的造船丑闻，对应试题④的内容。

问题4

④围绕认可低利融资的"计划造船"任务分配，以及国家补助船舶建造费利息相关法律的制定，海运、造船业与政界、官界之中出现了收受贿赂的事件，俗称【E】事件。

当时的造船业是日本经济复兴的中枢产业，造船丑闻事件发生后的1956年，日本造船业发展为世界第一。试题中所说的渎职事件就是在这样的背景下发生的。当时，具有象征性的事情是，法务大臣犬养健"发动检察指挥权"。对于向当时自由党干事长佐藤荣作发出的逮捕令，法务大臣发动了检察指挥权，从而阻止了此次逮捕。检察指挥权这种特权的存在，是为了避免国会议员被不当逮捕后，政治活动受到限制。但当时出现了滥用这一制度的批判之声，自由党遭到了强烈的反对。当时的总理大臣是自由党出身的吉田茂，以反对他的势力为中心，出现了倒向鸠山一郎组建的日本民主党的动向，吉田茂的长期政权就此倒台。

1954年（昭和二十九年），日本民主党的鸠山一郎内阁诞生了。鸠山一郎内阁在1956年（昭和三十一年）签订了《日苏共同宣言》，与苏联建立了邦交，同时让日本加盟联合国成为现实。此外，该内阁还倡导宪法的修改，但由于日本社会党的再次统一而搁浅。

吉田茂内阁采取的是彻底的亲美路线，其做法是凭借美国的力量赢得独立，同时在与美国的军事同盟中确立日本的地位。第四次吉田茂内阁时，吉田茂在国会审议中喃喃自语地说出了"混蛋"一词，被麦克风收音传了出来，引发轩然大波，内阁因此被迫解散，这就是所谓的混蛋解散。在这一事态之下，收受贿赂的事件被曝光了。

顺便说一句，上文中免受逮捕的佐藤荣作，后来因为违反《政治资金规正法》遭到不逮捕起诉，但由于前述1956年（昭和三十一年）日本加盟联合国的恩赦而免诉。此后，佐藤荣作于1964年（昭和三十九年）成为内阁总理大臣，直到1972年为止，在日本经济高度成长期间长年持续担任总理大臣一职。并且，由于在1976年（昭和四十二年）冲绳返还交涉之际所做的非核三原则（不拥有、不生产、不引进核武器）发言，在1974年（昭和四十九年）获得诺贝尔和平奖。

其五 洛克希德事件——闻所未闻！原首相的逮捕剧

问题 5

现任内阁总理大臣等人从飞行器制造商【A】公司的副社长、丸红综合商社的社长、全日空的社长等人处受贿的事件，被称为【A】事件。

接下来的渎职事件发生在 20 世纪 70 年代，名为**洛克希德事件**。该事件是现任内阁总理大臣田中角荣，从飞行器制造商洛克希德公司的副社长、丸红的社长、全日空的社长等人处受贿的事件。

当时，田中角荣首相倡导的是"日本列岛改造"，就是通过在日本全国铺设高速路以及新干线的手段使得日本全境走向工业化。然而，在 1973 年（昭和四十八年）结束固定汇兑牌价的同一年发生了石油危机，物价因此上涨，得名"狂乱物价"，于是"日本列岛改造"政策就此被搁置。

此外，美国发动的越南战争的战事陷入困境，经济形势非常严峻，欧洲各国也受到世界经济同时不景气的影响，处境十分艰难，因而这些国家此时需要的是统一步调。但田中角荣首相的政策在统一步调这一点上有些不和谐，就在这样的情况下，田中角荣被逮捕了。

问题 5（后续）

题 3　当时，对查明 A 事件持积极态度的首相是谁？请用汉字将姓名写在答题纸上。

※A 事件洛克希德事件

对查明洛克希德事件态度积极的内阁总理大臣，就是题 3 的答案三木武夫。

三木武夫内阁期间，首次峰会（七国集团会议）于 1975 年（昭和五十年）在法国朗布依埃召开。

此次峰会商议了如何应对世界性的经济不景气，美国方面还在会议中展露了希望在越南战争之后，仍能确保其主导国际社会地位的意图。

问题 5（后续）

题 1　下列关于 A 事件的叙述，最准确的是什么？单选，答案涂写在答题纸相应位置。

あ　由于 A 事件致使国民产生不信任感等原因，五五年体制崩溃，非自民八党组成的联立政权诞生。

い　在 A 事件中，检察机关对首相实施逮捕并起诉，受到了舆论的拥护，检察机关得以将监视政治的强大权力握于手中。

う　田中角荣因 A 事件被逮捕，执政党内的派系斗争加剧，在此时举行的总选举中，自民党成立以来首次获得众议院超过半数的席位。

え A事件中现任首相被逮捕,媒体大肆宣传"首相的犯罪",此次渎职事件给民众留下了政治腐败的印象。

お 以A事件为契机,"列岛改造"得到推进,地方公共事业发展兴盛。

※A事件洛克希德事件

题1的正确答案是选项う,田中角荣因A事件被逮捕。在这一背景下举行的总选举中,自民党成立以来首次获得众议院超过半数的席位。

再看看其他选项,选项あ中"非自民八党组成的联立政权诞生"是发生在20世纪90年代的事情,因此是错误的。选项い,由于不能断言检察机关将强大的权力握于手中,所以错误。选项え的错误是田中角荣被逮捕时并非"现任"首相,而是原首相。选项お中的"列岛改造"是田中角荣首相倡导的政策,在他被捕后政策实施受阻,因而该选项不正确。

其六 里库路特事件——信息通信产业的渎职事件

最后登场的渎职事件写在了短文③当中,是里库路特事件。

问题6

③刊行求职信息杂志,成长飞快并且还开展了房地产业务的【D】公司创始人为了与NTT携手,大规模进军通信、信息产业,将确定会升值的子公司未上市股票作为贿赂赠送给NTT会长以及政界、官界人士,被称为【D】事件。

这是在20世纪80年代末竹下登内阁时期发生的事件,空格D应当填写里库路特公司。里库路特事件是该公司创始人为了与NTT携手进军通信、信息产业,赠送确定会升值的未上市股票作为贿赂的事件。20世纪80年代,日本的经济高度成长期结束,迎来了稳定增长的时代。在日本成为经济大国的过程中,这一事件的发生可以说是信息产业得到发展的象征。

其七 现代的论点——渎职现象何时才会消失?

到了20世纪90年代,左川快递事件、承建商渎职事件等相继发生。出于对自由民主党一党长期执政的政治不信任,时隔三十八年后,五五年体制崩溃,进入了日本新党的细川护熙担任内阁总理大臣的时代。

当我们审视这些渎职事件时,如果把焦点放在处于事件中心的企业上，就会发现它们仿佛成了映照时代的一面镜子。而渎职事件引发的政治性变化，又让我们张开想象的翅膀，思考为什么这些渎职事件会被曝光。因此，用历史的眼光看待这些事件是极具深意的。

第二章 "经济大国日本"因何诞生?

日本是如何渡过战后荒颓的难关,一跃成为"富裕日本"的呢?本章将以经济的视角解读日本现代史。

第六部分　日本经济前史

要点　通过"贸易"看近代以前的日本经济史

2008 年度 / 国际教养学院

翻阅历史这本书籍，我们会发现，有史以来最赚钱的生意就是贸易。用低价从别的国家购入本国没有的货物，再高价卖出，就是这种单纯的商业交易作为最赚钱的生意模式，数千年来生生不息。不管是丝绸之路的发展还是大航海时代的到来，抑或是哥伦布发现美洲大陆，都是从"贸易"这个关键词生发出来的行动。19 世纪到 20 世纪期间，欧洲各国进行的被称为"帝国主义"的殖民地掠夺竞争，也是出于为本国大量生产商品供应原材料，以及扩大销售市场这样的目的。所有一切都是从"贸易"出发的。

我这么说可能会有人反驳说"现在互联网生意才是最赚钱的",但互联网上的生意也是在虚拟空间对信息和商品进行跨越国界的"交易",因此也可以说是一种贸易。

其一　日本最古老的货币不是和铜开弥

这次探讨的早稻田大学试题对日本的贸易和货币进行了历史寻踪。根据现在的教科书所说,日本最早的货币并不是和铜开弥。关于和铜开弥,让我们看看2008年度国际教养学院的试题。

问题1
现在所知的最早在日本铸造的货币是7世纪后半叶铸造的名为富本钱的铜钱。708年【A】进献了金属铜,以此为契机日本铸造了和铜开弥,直到10世纪中叶的乾元大宝为止,日本持续发行全国性的钱币。

空格A中应该填写**武藏**。日本最早的货币是比和铜开弥的发行还要早上数十年的富本钱。但是,国家发行的最早的通货是和铜开弥。708年武藏进献了铜,和铜开弥被铸造出来,日本改年号为和铜。

然而,和铜开弥完全是为了顾全国家体面而铸造的,换言之，是为了告诉大家"日本已经发展成为一个能在本国铸造货币的国家了"，并不是为了满足人们的需求。当时，人们使用的不是货币，而是用米和布作为货币的替代品。

其二 "钱之病"的产生（平安时代末期）

平安时代后期，人们感受到货币的便利性，开始积极使用货币。

问题2

10世纪末期，日本铜钱的流通衰退。经过保元之乱、平治之乱后成立的 a 平氏政权推进了日宋贸易。结果，宋钱大量流入日本，出现了"近日，天下上下，为病而恼。此号为钱之病"的现象。此事被记载在了镰仓后期成书的《百錬抄》1179年6月的条目之下。

题面中提到，由于形成了货币经济，日本出现了"钱之病"。货币的存在令人们感到烦恼，有时甚至会打乱一个人的人生。与我们这些从出生开始便知货币存在的人不同，对于那些知道无货币时代和有货币时代的人来说，被货币搅乱人生的人们，或许正是得了"钱之病"。

这是1179年（治承三年）的记录，恰好是源平合战开始的前一年，正处于从平氏政权向源赖朝的镰仓幕府转变的过渡期。

通过大兴贸易积累了巨大财富的就是平安时代末期的平氏一族。平氏从与中国的贸易即日宋贸易中获得利益，以其经济实力为背景，逐渐掌握了权力。那么，让我们看一看与平氏政权有关的试题。

问题 2（后续）

题 1 下列与下划线 a 相关的说明中，正确的是什么？单选，答案涂写在答题纸相应位置。

ア 平清盛修建了室津。

イ 平清盛在保元之乱中拥护崇德上皇。

ウ 平氏政权以庄园、知行国为经济基础。

エ 平忠盛讨伐了日本海的海盗，为平氏的兴盛打下基础。

オ 平清盛在长崎接见了宋人。

※ 下划线 a 平氏政权推进了日宋贸易

正确答案是ウ，平氏政权的经济基础是从日宋贸易中获得的利益以及大量的庄园和知行国。知行国指的是能够独占一国收益的权力。

让我们再捋一下错误的选项。ア中平清盛修建的港口是大轮田泊，位于现在神户市兵库区，直到幕末神户港开港为止一直是进行交易的港口,经济十分繁荣。平清盛的孙子安德天皇迁都后的福原京也在这里。

选项イ,平清盛支持的是后白河法皇,并在保元之乱中取得胜利,因此该选项错误。选项エ的错误在于平忠盛讨伐的并非日本海而是濑户内海的海盗。平氏从日宋贸易中获利,积累了大量的财富。平氏政权在京都与中国进行贸易往来,当时的贸易路线是首先从兵库的大轮田泊出发,渡过濑户内海后去往中国。平氏通过讨伐濑户内海的海盗,逐渐掌握了日宋贸易的权利。在大河剧[1]《平清盛》最开始的场景中,平清盛与濑户内海海盗交锋的形象也让人能够联想到这一点。

选项オ是否正确较难判断,这种情况下,由于选项ウ很明显是正确的,所以我们可以判断选项オ是错误的。オ中出现的"长崎"这一地名,是桃山时代(16世纪末)日本开始进行南蛮贸易才作为贸易港受到关注的地名,因此可以判断该选项是错误的。

---

1 "大河"的词源为法文"roman-fleuve(大河小说)",意思是以家族世系的生活思想为题材而写成的系列长篇小说。大河剧是大河小说的电视版,指的是长篇历史电视连续剧。——译者注

其三　罹患"钱之病"的人们（镰仓时代）

从平安时代末期开始出现的"钱之病"到了镰仓时代蔓延范围越来越广。

问题 3

从镰仓末期到室町初期，被称为【A】的金融业者十分活跃。御家人[1]由于变卖、典当所领土地陷入贫困之中，这一点从镰仓幕府于 1297 年颁布【B】开始救济御家人的行为中也可见一斑。

空格 A 应该填写借上，空格 B 填写《永仁德政令》。伴随着货币经济的发展，镰仓时代出现了金融业者，被称为借上。此外，被卷入货币经济之中，无奈变卖所持土地的人急剧增加。为了救济那些变卖土地后生活艰难的武士，镰仓幕府颁布了《永仁德政令》。其内容是，武士能够无偿拿回已经变卖的土地。

---

[1] 镰仓时代与将军直接保持主从关系的武士。——译者注

其四　大量的货币促使经济得到发展（室町时代）

到了室町时代，幕府设在了京都，因此京都作为一个商业城市，其重要性与日俱增。结果，以畿内（近畿地方）为中心，货币经济日益发达，日本开始从中国进口明钱。

问题 4

足利义满朝贡明朝谋求日明贸易的原因是，室町幕府自身不铸造货币，于是 b 想要进口明钱在日本国内流通。

各位读者可能因为学生时代养成的习惯，在读题面之前倾向于先看提问。但题面中所写的内容才是理解那个时代的关键。

这里的题面说明了，开启日明贸易的理由是为了大量进口明钱。原因是幕府为了发展商业、积累财富，有必要筹措大量的货币。

那么，让我们来解答这一部分的提问。

问题 4（后续）

题 4　下列与下划线 b 相关的说明中，正确的是什么？单选，答案涂写在答题纸相应位置。

ア　通过建长寺船、天龙寺船等实现。

イ 洪武通宝、永乐通宝、天保通宝在全国范围内流通。

ウ 幕府颁布了《乐市、乐座令》，谋求交易的顺利进行。

エ 幕府从八幡船的承包商人那里收取进口税费。

オ 相隔较远地区间的交易使用符契。

　　　　※ 下划线 b 想要进口明钱在日本国内流通

选项ア中的建长寺船、天龙寺船并非派往明朝的船而是派往元朝的，因此该选项错误。

选项イ中提到了"天保通宝"这一词，从"天保"两字可以看出，这是江户时代天宝年间铸造的货币，该选项不正确。

选项ウ中出现的《乐市、乐座令》并非室町幕府发布的，而是战国大名为了繁荣自己的城邑而认可自由商业交易的政策，所以也是错误的。

选项エ中的八幡船为海盗船，因而是不正确的，最终的正确答案是选项オ。

其五　战国大名挖掘金银矿（战国时代）

后来，到了战国时代，战国大名为了筹措军费，积极进行金山、银山的开采。

问题 4（后续）

16 世纪时，开采银山的脚步加快，日本成为世界性的产银大国。东亚的贸易活动以中国的生丝和日本的银为主轴展开。这一时期倭寇猖獗，南蛮船只来航日本。

日本出口银，进口中国产的生丝。这一商业交易非常赚钱，为了掠夺这些财富，中国和朝鲜的沿岸出现了被称为倭寇的海盗。此外，当时正处于大航海时代，是欧洲人为了谋求财富在全世界范围内航行的时代。在这样的背景下，葡萄牙人、西班牙人等南蛮人也参与到了日本和中国的贸易之中。

其六 江户幕府并不希望锁国（江户时代初期）

提到江户时代，锁国政策给人留下了深刻的印象，但其实初代将军德川家康是主张积极进行贸易的。

问题 5

近世日本想要恢复日明关系。德川家康在丰臣秀吉入唐（侵略朝鲜）之后，进行了日明议和的交涉。与此同时，c 派遣朱印船前往东南亚各地，并且对葡萄牙船实施了丝割符制度[1]，对生丝进行统一购入。此外，还与马尼拉的西班牙人进行交涉，企图与墨西哥进行贸易往来。但日明议和以失败告终，墨西哥贸易也受挫了。

家康在秀吉出兵朝鲜后仅仅用了10年就让日本和朝鲜的外交关系得以恢复，此外还恢复了秀吉曾断绝的西班牙邦交，并且积极进行贸易活动。然而，日本与明朝的议和受到了明朝当时即将灭亡的影响，并没有成功。

1612年（庆长十七年），幕府颁布了基督教在幕府直辖地的禁教令。并且，到了次年1613年（庆长十八年），禁教令的覆盖范围扩大至全国。同年，仙台藩主伊达政宗派遣支仓常长前往西班牙，因为仙台藩想要单独与欧洲进行贸易往来。

贸易会带来巨大收益，平氏能够在短时间内登上权力宝座，也要归功于从日宋贸易中获得的利益。如果仙台藩与西班牙开展贸易，其经济实力就会成为幕府的一大威胁。

日本之所以会采取锁国政策，可能也是出于这一背景。幕府想要垄断贸易，为了达到这一目的，或许就只有锁国这一个办法了吧。

---

1 江户幕府为防止白银超量流出而限制白丝输出的贸易法。——译者注

问题 5（后续）

题 5　下列关于下划线 c 的说明，错误的是什么？单选，答案涂写在答题纸相应位置。

ア 1633 年禁止了奉书船以外其他船只的海外航行。

イ 1631 年更改为奉书船制度。

ウ 1616 年扩大了朱印船的航海地。

エ 1635 年禁止了朱印船的海外航行。

オ 1639 年禁止了南蛮船来航长崎。

※ 下划线 b 派遣朱印船前往东南亚各地

如果看懂了前面的说明，那么就能够猜想到正确答案是选项ウ。1616 年（元和二年），禁教令扩大至全国，而伊达政宗已经派遣支仓常长前往西班牙。此时扩大贸易的行为与幕府的想法是相互矛盾的，相反，1616 年，幕府将贸易港限制在了长崎的平户。

说句题外话，我会用"一溜一溜（1616）的贸易港受到限制后只剩长崎平户了"这样一句话帮助学生们记忆这一段历史。家康也是在 1616 年去世的，所以可以编一句话叫作"遇到一溜一溜（1616）事情的家康去世了"。这期间的年份和刚才的两句话一起进行组合记忆的话，就不会流于单纯的死记硬背了。

其七　锁国时期，日本曾是资源大国（江户时代）

锁国后，贸易活动依旧十分繁荣，因为日本的金和银与外国相比是非常廉价的。

问题 6

在锁国之后，长崎贸易依然非常兴盛，金银向海外的流出成了一个问题。根据新井白石《折焚柴记》的记载，全国四分之一的金币和四分之三的银币都流向了海外。幕府在 1685 年对中国、荷兰船的贸易额分别设下了银 6000 贯、金 5 万两（银 3000 贯）的限制。其后，认可了用【E】来进行一定额度的贸易。1715 年，中国船银 6000 贯、荷兰船银 3000 贯的上限被固定了下来，并要求其中的一定额度用【E】来支付。日本在限制贸易额度的同时，推进朝鲜人参和生丝的国产化，以此控制金银的流出。

在很多人的印象中，日本是一个资源极度匮乏的国家，可能江户时代金银的大量流出是致使日本成为资源匮乏国的其中一个原因。空格 E 中应当填写的是铜，也就是说作为金和银的替代品，用铜来进行支付。

其八　攘夷、讨幕的原因在于贸易（幕末）

1853年（嘉永六年）佩里来航，次年1854年（安政元年），日本开国。五年后，时隔约250年，贸易活动重新开始了，以贸易为契机，日本的经济发生了很大的变革。

问题7

1854年，幕府签订了《日美和亲条约》后开国，1858年又缔结了《日美修好通商条约》。次年开始贸易活动后，金币大量流出国外，幕府在f1860年通过货币改铸进行应对，但收效甚微。贸易的影响波及日本国内产业，棉纱进口量的增大打击了国内的棉织品行业，生丝出口的增多又重击了丝织品行业。

开国后，贸易活动重启，日本的金因此大量流出海外。原因在于金银比价，也就是说，因为日本与外国相比，金的价格有很大的不同。日本金的价格竟只有外国的三分之一，于是盯上这一点的外国人大量收购日本的金。幕府为了防止金的流出，进行了货币改铸，减少了小判金币中的金含量。

问题7（后续）

题11 下列选项中，在下划线f时铸造的货币是哪一项？单选，答案涂写在答题纸相应位置。

ア 元文小判

イ 安政小判

ウ 天保小判

エ 文政小判

オ 万延小判

※ **下划线f 1860年通过货币改铸进行应对**

正确答案是**オ**的**万延小判**。减少小判金币中的金含量，就意味着小判金币的价值下降。含金量低了，所以价值就变低了。小判金币的价值变低有什么样的意义呢？小判金币的价值是以一枚一两的形式确定的。换言之，小判金币的价值下降，代表小判价值的一两的价值也下降了。也就是说，一两变得比之前更没有价值。因为一两的价值下降，所以之前用一两能买到东西现在就买不到了。于是，物价开始上涨。

情况还不止如此，日本的生丝等对外国人来说也是极其廉价的。当时，欧洲的人们主要从中国采购生丝。与中国产的生丝相比，日本的生丝更便宜，而且日本生丝的质量比中国的要好很多，结果使得日本的生丝变得十分畅销。

如果仅仅如此的话，大家可能会觉得这不是可喜可贺吗？但事情没有这么简单。由于日本的生丝大量流向海外，生丝出现了产量不足的情况，价格上涨。再加上之前货币改铸导致的物价上涨，涨价的不只是生丝，而是所有的商品。幕府末期大米的价格居然是日本开国前的10倍。

人们的生活变得艰苦起来，于是人们觉得生活的艰辛是与外国进行贸易导致的，其结果是出现了"赶走外国"的攘夷运动。然而，通过四国舰队炮击下关事件以及萨英战争，人们意识到"外国很强"。于是，就把矛头指向对外国言听计从的幕府。怀揣着"不打垮幕府建立新的政府，日本就只能对外国言听计从"这一群具有危机感的人扳倒了幕府。

打倒幕府的势力，是以萨摩藩、长州藩出身者为中心的藩阀。那么，萨摩藩和长州藩是如何获得足以倒幕的实力的呢？其实，这也是因为贸易。萨摩藩通过与琉球的秘密贸易往来获得财富，长州藩的藩营商社越荷方与通过下关的船只做生意，获取了巨额利润。另外，长州藩拥有名为萩烧的特产品，贩卖这一陶器也帮助其积累了财富。日本有个词语是"萨长土肥"，除了萨摩藩和长州藩还有肥前藩（佐贺藩），也通过贩卖有田烧的利润囤积了财富。

此外，外国也盯上了富裕的萨摩藩和长州藩。盯上萨长两藩的是英国,英国向它们大量贩卖军舰和武器等。长崎有一座哥拉巴府邸,这座宅邸的主人即哥拉巴正是通过向这些藩阀销售武器而赚得盆满钵满。另一方面,法国接近幕府,向其兜售武器。这些武器实际上是前不久在美国爆发南北战争时使用过的二手武器,据说品质非常低劣。法国挑唆萨长和幕府,高价出售这些二手武器。

终于,内战爆发了,也就是1868年(庆应四年/明治元年)的戊辰战争。但这场战争并不像英国和法国预想的那样,没有发展成长期战争。感受到欧美侵略危机的人们,成功控制住了内战的扩大,走向了新的世界。

其九 现代的论点——日本人患上了"钱之病"吗?

贸易的利权不仅会影响经济、撼动政治,有时甚至会引发战争。事实上,哥伦布所在的大航海时代,欧洲各国就是为了谋求贸易的利权而展开对殖民地的侵略。现在中东的战争,虽然宗教的差异等因素被放大了,但实际上也可以说是为了争夺石油这种贸易品的利权而引发的战争。

当然,货币本身并不邪恶。现代战争或杀人事件背后的原因都告诉我们,人类会因为金钱变得幸福或者不幸,甚至还会自相残杀。

以前的人们已经充分认识到了货币的恐怖之处，称之为"钱之病"。历史仿佛是在提点我们，如果我们也染上了"钱之病"的话，就会见识到这种病的真正可怕之处。

第七部分　战后的财阀解体

要点　从银行看战后经济史

2010年度 / 国际教养学院

进入21世纪之后,早稻田大学新设了国际教养学院。该学院每次必定会用英文资料出一道入学考试试题。

其一　美国在战后想要如何处置日本?

问题1

When hostilities ended in August 1945, it was the conclusion of the Supreme Commander for the Allied Powers (SCAP) that Japan would be subjected to a series of "economic democratization" policies.

译文：结束敌对关系的 1945 年（昭和二十年）8 月，盟军最高司令官（SCAP）得出的结论是，在日本施行一系列的经济民主化政策。

1945 年（昭和二十年）8 月，大东亚战争（太平洋战争）结束后，日本被盟军占领，占领政策的实施是以盟军最高司令官（SCAP）为中心的。

盟军最高司令官决定要推进日本经济的民主化。那么，如何促进经济的民主化呢？让我们来解读题面的内容。

战前，日本的贫富差距非常大。盟军最高司令官认为"财富的集中"导致了日本的军事国家化。换言之，他认为是日本的一部分富裕阶层将军事工业发展了起来，起到了强化军队的作用。

于是，盟军最高司令官要通过消除贫富差距来扫除日本的富裕阶层。根据盟军最高司令官的设想，如果没有了富裕阶层，日本就无法拥有再次发动战争的经济实力。

问题 1（后续）

As the initial phase of the economic democratization, SCAP centered its attention on three major areas: the deconcentration of economic power, ① labor reform, and 【A】.

译文：作为经济民主化政策的第一阶段，盟军最高司令官将重心放在了以下三个主要方面。第一，分散规模巨大的经济势力；第二，劳动改革；第三，【A】。

题面中提到的第一个方面"分散规模巨大的经济势力"指的是财阀解体。战前，财阀执掌着日本的工业，四大财阀分别是三井、三菱、住友、安田。此外，这四大财阀设立的三井、三菱、住友、安田银行再加上第一银行是日本的五大银行，统领着日本的银行业。也就是说，日本的经济逐渐被四大财阀、五大银行垄断。这种现象就叫作经济的垄断资本化。

第二个方面"劳动改革"，是通过促进工会成立来实现的。因为拥有力量的不能只有雇主即资本家，也要赋予劳动者力量，这样资本家就无法随意采取行动了。

题1考核的是第三个方面相关的内容。

问题1（后续）

题1 应当填入【A】的内容是什么？单选，答案涂写在答题纸相应位置。

ア education reform

イ religious reform

ウ housing reform

エ legal reform

オ land reform

正确答案是选项オ"land reform",也就是"土地改革"。土地改革就是要消灭一部分地主垄断耕地的状况,并且通过实施土地改革消灭日本大规模经营的农户。这一土地改革的结果是,日本只剩下小规模经营的农户,依靠农业维持生计变得十分困难,粮食自给率显著下降。

顺便提一下,选项ア是"教育改革",选项イ是"宗教改革",选项ウ是"住宅改革",选项エ是"修订法律"。

其二 财阀解体为何无法推进?

问题2

SCAP began to implement its policy on four major fronts—restriction of designated Zaibatsu-connected firms, dissolution of holding companies, ②<u>elimination of excessive economic power</u>, and the introduction of an anti-monopoly act.

译文:盟军最高司令官主要从四个方向着手实施这些政策。对指定财阀相关的公司进行限制,解散控股公司,②<u>消除过强的经济势力</u>,引进反垄断法。

以"消除过强的经济势力"为目的出台的法律叫作《过度经济力集中排除法》。为的是改变前述一部分财阀和银行掌控日本经济的情况。

问题 2（后续）

题 8 根据下划线部分②的内容，被指定的公司有 300 多家，但实际被分割的企业只有 11 家。下列企业中，没有被分割的是哪些？双选，答案涂写在答题纸相应位置。

ア 三菱重工业

イ 日本制铁

ウ 三井银行

エ 王子制纸

オ 安田银行

※ 下划线部分② elimination of excessive economic power

根据《过度经济力集中排除法》，事实上有 325 家公司成为分割的对象，但实际被分割的只有 11 家公司。为何会出现这样的情况呢？其实，《过度经济力集中排除法》出台的 1947 年（昭和二十二年），世界进入了冷战时期。美国和苏联相互对立，这种对立不只是美国和苏联两个国家的问题，还波及全世界。世界各国分成了以美国为中心的西方阵营和以苏联为中心的东方阵营。当时，美国把目光投向了日本。日本地处远东，被苏联、中华人民共和国、朝鲜和东方阵营各国所包围。美国想要通过拉拢日本进入西方阵营，来强化西方阵营在远东的地位。因此，如果日本成了一个弱国，就无法达到强化西方阵营地位的目的了。《过度经济力集中排除法》会导致日本经济势力的崩溃，于是美国将该法律的适用范围控制到了最小的限度。

银行相当于经济的心脏，所以，美国将银行排除在了分割对象之外。因而正确答案是选项ウ的三井银行和选项オ的安田银行。

其三 将日本引向了战争！？
"The Big Four"是什么？

问题3

To indicate the importance of Zaibatsu (Combine) in the economy, the commission sought a measure that would transcend market positions, and chose for this purpose the measure most commonly used in Japan— paid-in capital. The findings were:

译文：为了弄清财阀在经济中的重要性，委员会寻求的是一种测定基准，这种测定基准是超越单纯市场地位的存在。

为了达成这一目的,选择的是日本最为常用的测定基准——实收资本。其结果如下:

说回更早些时候的情况,当初盟军想要将日本财界打得支离破碎。为了决定应该重点打垮哪个财阀使用的测定基准就是实收资本。实收资本是资本和资本公积的总和,可以体现出公司的规模。那么,让我们来看一看题面中列举的各财阀实收资本一览表。这里所说的 The Big Four,就是前文中提到的四大财阀。

问题 3(后续)

Combine (Zaibatsu)	Percentage of total paid–in capital
【B】	9.4
【C】	8.3
【D】	5.2
【E】	1.6
The Big Four	24.5
【F】	5.3
Asano	1.8
Furukawa	1.5
Okura	1.0
Nakajima	0.6
Nomura	0.5
The Other Six	10.7

题 2 表格中列举的 The Big Four,即【B】【C】【D】【E】的正确组合是哪个？单选，答案涂写在答题纸相应位置。

ア【B】Mitsui 　　　【C】Mitsubishi
　【D】Sumitomo 　【E】Yasuda

イ【B】Mitsubishi 　【C】Mitsui
　【D】Yasuda 　　 【E】Sumitomo

ウ【B】Sumitomo 　【C】Mitsubishi
　【D】Mitsui 　　　【E】Yasuda

エ【B】Mitsubishi 　【C】Mitsui
　【D】Sumitomo 　【E】Yasuda

オ【B】Mitsui 　　　【C】Mitsubishi
　【D】Yasuda 　　 【E】Sumitomo

所有的选项都是由"三井（Mitsui）、三菱（Mitsubishi）、住友（Sumitomo）、安田（Yasuda）"构成的，如果不知道哪个财阀规模更大的话是无法解答的。其实，刚才所说的"三井、三菱、住友、安田"，这些财阀的顺序就是按照规模从大到小排列的。

问题 3（后续）

题 3 表格中【F】的企业名称是什么？单选，答案涂写在答题纸相应位置。

ア Nissan

イ Riken

ウ Nitchitsu

エ Nisso

オ Shibusawa

题3的空格F是"The Other Six"中规模最大的公司。正确答案是选项ア的"日产康采恩"。日产康采恩是以满洲为据点扩大势力的新兴财阀,从这里也能够看出满洲的权益究竟有多大。

问题3(后续)

题5 表格中的 The Big Four 加上 The Other Six,这些财阀扩大其经济势力的理由是什么?选出一个最正确的选项,答案涂写在答题纸相应位置。

ア 延期偿付的发布

イ 高桥财政时局匡救事业的扩大

ウ 大日本产业报国会的设立

エ 铃木商店和台湾银行的倒闭

オ 军部的抬头和亚洲侵略

接下来看题5,财阀扩大其经济势力的理由是选项オ的"军部的抬头和亚洲侵略"。换言之,正是由于盟军最高司令官（SCAP）认为，日本得以在亚洲扩大势力的原因在于财阀的存在，才会设法让财阀解体。

正如选项オ所示，早稻田大学的试题中多将日本在大东亚战争（太平洋战争）的行为称为"侵略"行为，从这些地方也能看出一所大学的性格。

其四 五大银行现状如何？

问题3（后续）

题4 昭和初期发生金融恐慌时被取出的存款主要来自当时的五大银行，包括属于 The Big Four 的四家银行。下列银行中，属于五大银行之一的是什么？单选，答案涂写在答题纸相应位置。

ア 第一银行

イ 日本兴业银行

ウ 日本劝业银行

エ 横滨正金银行

正确答案是选项ア的"第一银行"。第一银行，顾名思义是日本最早的一家现代性银行，1971年（昭和四十六年）与日本劝业银行合并，成为第一劝业银行。其后，第一劝业银行于2002年（平成十四年）与富士银行、日本兴业银行合并后，又分割为瑞穗银行和瑞穗实业银行，两家银行后来合并成了现在的瑞穗银行。

问题3（后续）

题6　安田银行作为Yasuda财阀的核心，后来与多家银行进行分割与合并，由2002年诞生的"瑞穗金融集团"接手。当时，很多银行都进行了分割和合并，其直接理由是什么？选出两个叙述最准确的选项，答案涂写在答题纸相应位置。

ア《日美结构协议》

イ 空洞化现象

ウ 泡沫经济的破灭

エ 石油危机

オ 不良债权问题

2000年（平成十二年）前后，银行逐渐进行重组。其理由是选项**ウ**中"**泡沫经济的破灭**"和选项**オ**的"**不良债权问题**"，前述的五大银行也不例外。

首先，三井银行在1990年（平成二年）与太阳神户银行合并，成为太阳神户三井银行。两年后更名为樱花银行，2001年（平成十三年）与五大银行之一的住友银行合并，成为现在的三井住友银行。

三菱银行于1996年（平成八年）与东京银行合并成

为东京三菱银行，2006年（平成十八年）与UFJ银行（三和银行与东海银行合并而成）合并，成为三菱东京UFJ银行。

安田银行在1948年（昭和二十三年）改名为富士银行，其后正如前文中提到的那样，与第一劝业银行合并。就这样，各银行逐渐发展成为现在的样子。

其五 现代的论点——"巨型银行"这一选择是正确的吗？

战后的日本，三井、三菱、住友、富士、三和、第一劝业银行等城市银行通过对同一系统中的企业进行融资，形成了企业集团，被称为六大企业集团。

具体的做法是，银行对系统内的公司进行融资，相互持有股票，将同一系统内的商社作为媒介，在自己的企业集团内部进行交易。

这样的做法容易招致集团内相互串通和勾结等弊病，但同时也是促进日本经济成长的一大原因。

日本现今倡导的是以金融大爆炸为代表的放松管制，而我们必须认真思考今后的银行将如何成长，或者说应该如何成长的时代或许即将到来。

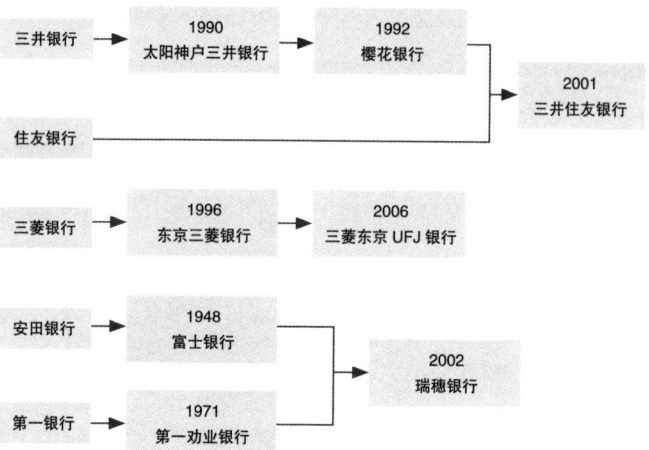

第八部分　空前的经济复兴

要点　从前途未卜的不景气中挣脱的方法

2011年度/商学院

如今，日本的债务已经超过1000兆日元。这个数字十分庞大，是当前日本岁入的10倍，因此很多经济分析家认为日本存在"比希腊更严重的问题"。

将日本现在的艰难状况与过去的历史相对照的话，会发现战争刚结束时，由于粮食短缺和物资不足导致的恶性通货膨胀和现在的状况十分相似。让我们来看一看，日本是如何摆脱战争刚结束时爆发的恶性通货膨胀，进而成为世界大国的。

其一　战争结束后才是真正的地狱

大东亚战争（太平洋战争）结束时，日本多数主要城市都在美国惨无人道的无差别空袭下成为一片废墟，死亡、受伤、失踪的日本人超过 250 万。然而，日本国民的痛苦并没有因为战争的结束而消失。战时粮食的供给就早已无法满足国民的需求，1945 年（昭和二十年）粮食产量与艰苦的战时相比仍下降了三成以上。但导致粮食问题恶化的还不止这些因素。

问题 1
太平洋战争结束后，国民被迫过着最穷苦的生活。战时，民需品的生产能力本身大幅下降，再加上军队的【イ】和民间的归国人员，使得日本国内人口数量膨胀，导致粮食等生活必需品严重不足。

空格イ中应该填写**退伍人员**，就在粮食问题万分严峻的情况下，大约有 310 万退伍军人返回日本国内。不仅如此，当时在日本的旧占领地区大约有 320 万侨民，这些侨民也一起回到了日本。回国的侨民即题面中所说的"归国人员"。

结果，日本的粮食紧缺问题极度恶化。据说，截至

1946年（昭和二十一年）春天，饿死的人数可能上升到了1000万人。

问题2

在物资严重不足的情况下，由于政府向军需企业支付了战时补偿等原因，货币流通量急速增加，出现了严重的通货膨胀。粮食价格由于通货膨胀而高涨，政府的粮食配给却停滞了。因此，城市居民不得不通过从违法的【口】市场中采购物资，或前往周边农村采购的方式应对饥馑。

空格口中应当填写的词语是代表黑市的黑字。早稻田大学试题的题面告诉我们，严重的通货膨胀是由支付战时补偿引起的。当时，大米等粮食实行配给制。显然，在如此严峻的粮食短缺状况下，政府无法严格实施配给，人们是通过在空格口所说的黑市或向农村采购粮食来抵御饥饿的。

随着战争亲历者步入老年，我们能够直接听到这些惨状的机会越来越少。对此，我们是否应当敲响警钟呢？

其二　抑制通胀和经济复兴的两难境地

此时的政府也并非完全袖手旁观，开始着手抑制通货膨胀。

问题3

1946年2月，政府发布了《金融紧急措施令》，实施了对旧日元【八】的封锁，并且限制新日元的取出，试图以此缓和通货膨胀。但由于物资的绝对性不足，这些措施只起到了暂时性的效果。

空格中应当填写的词语是**存款**。政府首先实施的措施是发行新纸币——新日元。然后限定人们在一周的时间内用手头的纸币（旧日元）兑换新日元，这一过程叫作新日元转换。此外，政府还封锁了一定额度以上的**存款**，也就是说无法取出存款。这一措施的目的是什么呢？为的是通过减少社会上流通的纸币数量来抑制通货膨胀。增大纸币的发行量就会出现通货膨胀，所以政府想要采取相反的措施。有时新闻上会报道，有些在周围人看来十分贫穷的独居老人去世后，在其家中发现大量的现金。虽说现在这样的情况已经减少了，但这一现象出现的背景，就是经历过当时经济政策的人，认为"把钱存入银行可能会遭到存款封锁"，所以才会孜孜不倦地把钱都存在家里。

为何减少了纸币的发行量还是无法抑制通货膨胀？原因在于以粮食紧缺为代表的物资严重不足。"供不应求则物价上涨。"

因此，政府开始谋求工业的复兴。

问题 4

1947 年，日本采用了倾斜生产方式，将资源集中分配给【二】业和煤炭业，试图重启生产。并且设立了【ホ】，积极为电力等基础工业提供资金。这些措施成为正式重启生产的重要契机。但从另一个角度看，由于财政赤字而实施的巨额政府资金投入和对【ホ】融资的增大导致通货膨胀进一步恶化。

政府的资金不足以支持所有产业的复兴，因而采用了重点补救空格二的**钢铁业**和煤炭业等重要工业的倾斜生产方式。要想拯救工业，资金不可或缺。因此政府建立了空格**ホ**的**复兴金融金库**，以此提供资金。然而，提供资金意味着什么呢？意味着需要增加纸币的发行量。结果导致物价上涨，这一物价上涨的现象被称为复金通胀。

其三 民生疾苦和经济复兴的两难境地

在这样的状况下，最艰苦的是普通百姓。没有粮食、工资不涨，物价却持续处于恶性通货膨胀之中。这一情况使得劳动运动的势头逐渐高涨。

问题 5

另一方面，工会迅速成立，以控诉生活穷苦的国民心声为背景，劳动运动活跃起来。在劳资纠纷当中，出现了取代耽误恢复生产的经营高层，以劳动者自主生产、组织业务为目标的生产【へ】案例。虽然在 GHQ 的指示下，遏制住了这种劳动运动势头的高涨，但仍然在 1947 年的二・一总罢工计划中迎来了高潮。

空格へ缺少的是管理斗争。劳动运动势头高涨，1947 年（昭和二十二年）2 月 1 日，以政府机关劳动者为中心，计划实施名为二・一总罢工的大规模罢工行动，但 GHQ 担心会引起日本国内的混乱，中止了这一计划。

问题 6

随着冷战的演进，GHQ 改变了占领政策，采取了将日本作为亚洲西方阵营据点的方针。1948 年，基于 201 号政令《国家公务员法》被修订，作为劳动运动核心的政府机关劳动者失去了【ト】权。

正如空格ト所示，GHQ 还进一步剥夺了国家公务员的罢工权，其背景就是冷战的演进。

其四 冷战引发的"伴随痛苦的改革"是什么?

冷战是发生在美国和苏联之间对世界霸权的争夺战。美国为了在冷战中取得优势,意图将战前世界五大国家之一的日本纳入美国所属的西方阵营。为此,美国认为必须转变对日本的占领政策。

问题 7

为了防止社会主义势力的扩大,有必要让日本经济踏上强有力的复兴道路,チ为实现这一目的,美国于 1949 年派出了银行家道奇作为特别公使。

也就是说,美国期望日本得到经济复兴。美国在战争刚结束时想让日本成为江户时代那样的"农业国"。因为日本的振兴对美国来说是一种巨大的威胁,所以美国想让日本无法再次成为世界大国。

然而,由于冷战的开始,美国认识到了日本的重要性。日本与中国、苏联、朝鲜等东方阵营国家隔海相望。并且,日本拥有成为世界五大国之一的潜力。美国意欲通过拉拢日本进入西方阵营,让日本成为对苏联的一种威胁。

这时美国面临的问题是在粮食紧缺和生活困难的状况之下,社会主义运动的势头在日本高涨。如果社会主义运动的势头持续高涨,那么日本有可能会成为一个社会主义国家。事实上,1947年(昭和二十二年)4月,在新宪法颁布后举行的第一次总选举中,社会主义的呼声高涨,促使日本社会党成为第一党,片山哲内阁得以组阁。

美国认为要想阻止日本被纳入社会主义阵营,其第一要务是谋求日本的经济复兴。于是派出了底特律银行的总裁——道奇公使。

道奇实施的经济政策有两项:首先,确立绝对不允许年支出赤字的超均衡预算,以此来抑制通货膨胀;其次,采用1美元=360日元的单一汇率。汇兑牌价的稳定与经济情况的稳定是相互联系的。此外,如果汇兑牌价稳定,其他国家也就能够安心与日本进行贸易活动,这样就能增强日本的国际竞争力。让我们通过2011年度商学院的试题来看一看道奇这些政策的效果如何。

问题7(后续)

题 基于下划线部分チ道奇的指示制定的一系列政策(道奇路线)对日本经济产生了怎样的影响?请以"通货膨胀"为开头加以说明,说明中必须使用下方的词语。答案需整理成一段话,字数控制在35字以内,标点符号也作为一个字计数。

经济失业人员

※ 下划线チ为实现这一目的，美国于1949年派出了银行家道奇作为特别公使

道奇政策的目的是构建筋骨强健的日本经济，而不是通过短暂的泡沫来获得经济振兴，换言之，这是"伴随痛苦的改革"。确实，超均衡预算对抑制通货膨胀是能够发挥作用的。但"不允许年支出赤字"就会减少市场中纸币的流通量，对经济的振兴会有短暂的负面影响。因此，日本一时间陷入了严重的经济不景气之中，失业人员增多。

解答范例：（通货膨胀）结束，但由于经济的倒退，倒闭企业和失业人员增多。

在这样的情况下，大家可能觉得社会主义运动会再次抬头，但GHQ通过对《国家公务员法》的修订，剥夺了公务员的罢工权。次年的1950年（昭和二十五年），日本还进行了名为"赤色清洗"的对共产党员的弹压运动。同年，朝鲜战争爆发，日本走上了经济复兴的道路。

其五　现代的论点——日本是否应当再次重生？

据说，日本现在的债务已经超过了1000兆日元。取悦国民、取悦企业的政策确实是国民和企业所喜闻乐见的。

但是面对这种轻视收入、扩大支出的政策，日本如今的现状可以说是，一边怀着欠下的债之后总要清算的危机感，一边又觉得暂时没有什么困扰所以就放任不管。

日本是在战争结束这一极端状态下得以让一切清零的。当然，不清零自然是最好不过的了。说起战争，人们总是会放大战争中的损失，但是放眼当今世界的战争就会发现，比起战时，毋宁说战后人们会被迫陷入更大的痛苦之中。而1000万日本人被饿死的情况，也是出现在战争结束之后的。

然而，正是因为出现了一切清零的情况，日本才得以从零出发重构经济，后来实现了空前的经济高度成长也是不争的事实。

战争结束之后又过了七十多年，从经济的波动来看，可以说"日本通过战后的经济成长跻身经济大国"的时代早已结束。虽说现在不是从零起步，但或许现在正是日本咬牙忍痛，以归零心态再次从一开始完成重生的时刻。

第九部分　经济高度成长

要点　日本缘何获得如此巨大的成长?

2001 年度 / 教育学院

经济高度成长指的是 1955—1973 年（昭和三十年至四十八年），日本的年平均经济增长率持续超过 10% 的时期。

1955 年（昭和三十年），战争结束之后又过了 10 年，日本终于摆脱了战争刚结束时出现的粮食危机，开始走上经济成长的道路。

1960 年（昭和三十五年）成立的池田勇人内阁对防卫费进行控制，发布了以经济高度成长为目标的"国民所得倍增"计划，在这一计划之下，政府采取了经济高度成长政策。七年后的 1967 年（昭和四十二年），日本实现了期待已久的国民所得倍增目标，次年 1968 年（昭和四十三年），在资本主义国家之中，日本的 GNP 仅次于美国，位居世界第二。日本成功走上了经济大国的道路。

2001 年度教育学院的试题，考核的是日本为何能够获得经济高度成长，这道入学试题中充满了早稻田大学对大家能够切实掌握经济高度成长相关情况的期望。

其一 从"已不是战后"到"国民所得倍增"

经济高度成长的开端是 1955 年的"神武景气"。"神武景气"到 20 世纪 60 年代前半期为止是我们常说的日本经济高度成长的前半期，题 1 传达出了早稻田大学希望大家能够掌握这一时期相关内容的想法。

问题 1

日本的经济高度成长是从 20 世纪 50 年代中期前后开始的，1960 年成立的池田勇人内阁采取了优先经济发展的政策，企业进行大规模的设备投资和技术革新，重化学工业在全国范围内得到发展。

题 1 关于下划线部分所在时期的动向，下列选项中叙述错误的是哪一个？

ア 在 1956 年度的《经济白皮书》中出现了"已不是'战后'"的说法。

イ 新闻出版业将 1955 年开始的大型经济振兴命名为"伊奘诺景气"。

ウ 1962 年施行了《新产业城市建设促进法》，次年指定了 15 座新产业城市。

エ 伴随从煤炭到石油的能源转换，实施了煤炭产业的合理化政策，三井矿山三池煤矿出现了大规模的工潮。

オ 1961 年实现了全民医疗保险、全民养老金保险制度。

错误的是选项イ，从 1955 年开始的大型经济振兴不是"伊奘诺景气"而是"**神武景气**"。

"伊奘诺景气"指的是 20 世纪 60 年代后半期的大型经济振兴。

1955 年（昭和三十年），日本迎来了前所未有的经济繁荣。因为这是"日本有史以来最为繁荣的"经济振兴，也就是日本第一代天皇神武天皇即位以来经济最繁荣的时期，所以被称为"神武景气"。但此后不到五年的时间，在 1959 年（昭和三十四年）又出现了超越"神武景气"的经济成长。"之前的命名采用的是神武天皇以来的寓意，但如今又迎来了更为强劲的经济成长"，于是就想到神武天皇即位之前是什么呢？那就是"太阳神天照大御神从天岩户中出来，将世间瞬间照亮的时代"，所以取名"岩户景气"。

然后，又过了五年左右，到了1966年（昭和四十一年），日本迎来了比"岩户景气"更兴盛的经济发展。经济繁盛本身当然是件令人高兴的事，不过此前"人们觉得已经不可能有超越'岩户景气'的经济发展了"，因而着实吃了一惊。要说天照大御神之前是什么，那就是创造日本这个国家的伊奘诺尊了，所以就命名为"伊奘诺景气"。为了取名已经追溯到日本创世时期了，接下来如果有更昌盛的经济发展出现该如何是好呢？虽然人们有这样的顾虑，但这种命名方式到这里就结束了。

1955年（昭和三十年）的"神武景气"之后，大米连续大丰收，食物短缺问题得到解决。此外，公营住宅的供给增多，使得住宅情况也有了改善。因此，次年1956年（昭和三十一年）实现了选项オ中的全民医疗保险、全民养老金保险制度。经济情况得到恢复，正如选项ア所述，在同年的《经济白皮书》中，政府发表了"已不是'战后'"的宣言。

另外，这一时期，就像选项エ中所说的那样，逐渐完成了从煤炭到石油的能源转换。

1962年（昭和三十七年），日本政府出台了选项ウ中的《新产业城市建设促进法》。该法律的颁布是为了遏止产业集中在大城市的趋势，调整地区之间的差距。政府在《新产业城市建设促进法》中指定了15个地区，计划促进这些地区的工业城市化。

其二　从财阀到企业集团

支撑日本经济高度发展的要因之一是企业集团的存在。通过题2，早稻田大学想看看大家是否理解企业集团产生的背景。

问题2

经济高度成长政策是以贸易和资本自由化，让日本作为发达国家参与到世界经济之中为目标的。因此，为了应对日趋激烈的国际竞争，日本形成了本国独特的企业集团。根据财阀解体的政策，日本战前的财阀被解体，但银行免于适用【1】，特别是六大城市银行通过对同一系统内的企业实施融资等措施，再次成为企业集团的中心。企业集团通过互相持有系统内企业的股票，加强相互之间的联系，而企业集团之间则出现了激烈的竞争。

题 2 从下列选项中选出应当填入空格【1】的内容。

ア《持股公司整理委员会令》

イ《财阀同族支配力排除法》

ウ《禁止垄断法》

エ《过度经济力集中排除法》

オ《企业再建整备法》

战争结束后，GHQ 认为财阀的存在是军国主义的温床。换言之，如果废除了财阀制度，日本就不能在财阀的支持下再度走向军国主义。

于是，在 1948 年（昭和二十三年）出台了《过度经济力集中排除法》，希望以此实现财阀的解体。GHQ 原本打算解体 325 家日本的主要大型企业。

然而，就在此时发生了冷战。冷战开始之后，美国考虑将日本拉入己方阵营之中。届时，若日本在经济上处于强势地位的话，在与苏联的对峙中将更有利。所以，《过度经济力集中排除法》指定的 325 家企业当中，实际解体的只有 11 家公司，并且银行不包含在这 11 家公司之中。结果，银行尤其是财阀系统的银行，仍然和战前一样继续掌控着日本的经济界。所以，应该填入空格 1 中的是选项 **エ** 的"**《过度经济力集中排除法》**"。

旧财阀系统的银行通过对系统内企业进行融资，组成系统企业，构建企业集团，垄断日本经济界。企业集团通过大规模的设备投资促使企业壮大，出现了"投资带来投资"的情况。这些巨型企业集团的力量，正是日本经济高度成长的源泉所在。

其三 日本式经营——经济高度成长的支柱

不过，支撑日本经济高度成长的要因不光是企业集团的存在，还有"日本式经营"。日本式经营指的是在经济高度成长期摸索出的日本独特的经营方式。关于日本式经营，早稻田大学考察的是大家是否详细了解其内容。

问题3

大型企业内部以【2】、【3】、【4】这样的日本式劳资关系为基础，导入了使雇员和企业团结一致提高生产率的新制度。在大企业之中，走劳资协调路线的工会成为主流，1964年，【a】和国际金属劳联日本协议会（IMF·JC）发端，为提高薪酬和生产率提供合作。

题3 从下列选项中选出三个应当填入【2】、【3】、【4】中的词语。

ア 定期统一录用

イ 年功序列工资制

ウ 终身雇佣制

エ 产业工会

オ 企业工会

题 4 在【a】中填入合适的词语。

日本式经营的特征有以下五点：

选项**イ**的**年功序列工资制（年功工资）**；

选项**ウ**的**终身雇佣制**；

选项**オ**的**企业工会**；

劳资协调主义；

法人资本主义。

终身雇佣制指的是在初次就职的企业一直工作到退休为止，**年功序列工资制**指的是工资随着年龄的增长而增加，企业通过这些措施获得劳动者对企业的忠诚之心。劳动者会产生"公司要养我一辈子，所以我要为公司努力"的想法。

此外，还有劳动者和雇主合力提高企业收益的劳资协调主义；企业本身成为股东，追求利润的法人资本主义；以及选项**オ**中工会存在于企业内部的**企业工会**等。由此构建起了"企业利益＝劳动者幸福"的等式，劳动者为公司而努力的想法得到进一步强化。

同时，全日本劳动总同盟（同盟）、国际金属劳联日本协议会（IMF·JC）这样的工会为员工提高薪酬以及公司提高生产率做出贡献，形成了从业人员为企业的利益而奋进的态势，这些都是日本经济高度成长的巨大牵引力。

其四 现代的论点——如何消除地区间差距？

题1中也出现了1962年（昭和三十七年）颁布的《新产业城市建设促进法》，下面介绍根据该法律被指定为新工业城市的15个地区。

道央地区（北海道）

八户地区（青森县）

秋田湾地区（秋田县）

仙台湾地区（宫城县）

磐城·郡山地区（福岛县）

新潟地区（新潟县）

富山·高冈地区（富山县）

松本·诹访地区（长野县）

中海地区（鸟取县、岛根县）

冈山县南地区（冈山县）

德岛地区（德岛县）

东予地区（爱媛县）

大分地区(大分县)

日向·延冈地区(宫崎县)

不知火·有明·大牟田地区(佐贺县、福冈县、熊本县)

到了五十年后的今天,这些地区仍然没有消除与大城市之间的经济差距。甚至可以说,停业商业街的增多、无医村的增加、人口过疏地区的老龄化、年轻人离开农村等状况,让这些地区的问题变得更为严峻。

一方面,现如今日本式经营这样的形式已经彻底崩溃,由于非正式雇佣员工等情况的增多,即使年龄增长工资也不会增加,所谓的工作贫困阶级[1]的问题越来越严重。结果导致在经济上无力结婚供养家人的人数增多,这是日本晚婚率、未婚率走高的原因之一。有些人就算结了婚,也无法负担孩子的教育费用,造成日本的出生率持续下降,这是少子化现象得不到改善的一大重要原因。

另一方面,日本与各海外国家不同,法人资本主义、企业工会等维护公司的体制依旧存在。其结果是,只有公司是赚钱的,而为其工作的劳动者却不一定能够受惠于这些体制,出现了体制走偏的现象。

日本式经营之中当然也存在问题,但为了打破如今闭

---

[1] 拥有固定工作但相对贫穷(例如收入低于特定贫穷线)的人士。——译者注

塞的现状，或许我们有必要再次尝试学习经济高度成长期的做法。透过这道试题我们能够看到，早稻田大学出题时一直秉持着以史鉴今的观点。

第十部分　环境问题

要点　经济辉煌发展背后潜藏的毒和公害

2014年度 / 社会科学院

经济高度成长使得国民所得倍增，将日本国民生产总值提升到了资本主义国家中第二位的水准。然而，在取得堪称奇迹的经济高度成长的同时，也滋生了各种各样的"不良后果"。2014年度社会科学院的试题控诉的就是这些情况，不愧是研究社会学科的学院。另外，现在的社会科学院已经完全褪去了以往"二流学院"的形象，在早稻田大学中也成了最有人气的学院之一，学生入学分数亦显著升高。

其一　太平洋工业带——工业城市的集中

日本达成池田勇人内阁的"国民所得倍增"计划仅用了 7 年的时间，比当初预想的 10 年更快。

问题 1

1960 年 7 月诞生的池田勇人内阁，在同年年末通过内阁会议决议了"国民所得倍增计划"。该计划的目标是在从 1961 年开始的 10 年间，使得国民生产总值达到当前的两倍。以此为基础，政府（2）<u>实施了产业结构的改革、推进重化学工业化</u>，并加快完善了支撑这些举措的基础设施。就这样，日本在 1967 年提前实现了"国民所得倍增计划"的目标。

题 1 问的是经济高度成长是通过完善什么样的基础设施从而得以实现的。当然，经济高度成长之中内藏"不良后果"，这是不争的事实，早稻田大学可能是基于这些情况，出了试题的第一问。

问题 1（后续）

题 1 下列关于下划线部分（2）的叙述中，不正确的是什么？双选。

イ 工业和人口集中在了太平洋工业带。

ロ 伴随着能源的转换,建设了石油化学工业区。

ハ 首相倡导"列岛改造"。

ニ 在临海地区建设制铁所。

ホ 通过倾斜生产方式促进了基础工业的强化。

※ 下划线部分(2)实施了产业结构的改革、推进重化学工业化,并加快完善了支撑这些举措的基础设施

正确答案应该选ハ和ホ。ハ的"列岛改造"是在20世纪70年代被提出的,ホ的倾斜式生产方式是战争刚结束时采取的措施,选项中两者发生的时期都不正确。

选项イ中的太平洋工业带描述的是太平洋地区工业地带相连的情形。工业和人口都集中在了以东京和横滨为中心的京滨工业地带、以爱知为中心的中部工业地带、以大阪和神户为中心的阪神工业地带、以福冈为中心的北九州工业地带等。日本在临海地区正如选项ニ所示建设了制铁所,由于从煤炭到石油的能源转换,建设了选项ロ中的石油化学工业区。

其二 《农业基本法》——走向农业衰退的道路

经济高度成长的第一个"不良后果"就是人口向工业城市集中。另一个要点则是农业结构变革。并且,由于这

一变革，日本的农业走上了衰退的道路。试题中对于农业改革这一"不良后果"的原因进行了探索。

问题2

经济成长的方针能够顺利实施，是因为背后存在丰富的劳动力作为支持。产业结构的变化导致人口向城市集中，可能会造成地方产业空洞化问题。担心当时农村和农业状况的日本政府于1961年制定了《农业基本法》，以此确立了农业相关政策的目标，意图（4）改善农业结构。

正如题面所示，以太平洋工业地带为中心的大城市面临人口过密的严峻问题。出现了交通堵塞和噪声、大气污染等，住宅和医院数量不足的问题变得越来越严重。此外，交通事故数量激增，每年的死亡人数在一万人左右，日本迎来了所谓"交通战争"的时代。

同时，农村、山村和渔村等由于失去了年轻劳动力，人口过疏的问题越来越严峻。而出现这些情况的导火索就是1961年（昭和三十六年）制定的《农业基本法》。题2是针对《农业基本法》内容的提问。

问题2（后续）

题2 下列选项中，与下划线部分（4）相关的叙述不正确的是什么？双选。

イ 政府投入补助金实施耕地的区划整理等。

ロ 政府实施新粮食法，民间交易的自主流通米开始在市场上流通。

ハ 生产率有了飞跃性的提升，农户收入增加。

ニ 农户的兼业化和省力化得到迅速发展。

ホ 粮食自给率跌破了50%。

※ 下划线部分（4）改善农业结构

本题的正确答案是选项ロ和ホ。

选项ロ所说的，**民间交易的自主流通米开始在市场上流通**是发生在经济高度成长结束之后的事情。

而选项ホ中的**粮食自给率跌破50%**是在20世纪60年代也就是平成时期发生的。

《农业基本法》是为了实现池田勇人内阁提出的"国民所得倍增"目标，以提高农业所得为目的制定的法律。为了增加农业收入，政府实施了农业现代化政策。这是一种让农业机械化、提高生产效率从而增加农业收入的构想。为了实现农业的机械化，政府向农户提供补助金，联合收割机、拖拉机等农业机械得到普及，在提高农业生产效率上取得了一定成果。然而，该政策造成了农村人口的减少。随着农业的机械化，农业演化成了"无男壮劳力农业"，也就是只需"妈妈、爷爷、奶奶"就能够完成的农业，而男性劳动力则前往城市，在工厂打工。讽刺的是，其结果反而使得农村越来越衰颓。

其三 四大公害诉讼和《公害对策基本法》

终于，题3将要针对经济高度成长带来的不良后果进行提问了。但出于只知"不良后果"是无法从根本上理解这一问题的考虑，早稻田大学先出了题1和题2。

问题3

在经济高度成长的过程中，出现了公害问题。（5）四大公害，（6）日本出现了与公害问题相关的社会性动向，政府忙于应对。佐藤荣作内阁时期制定了《公害对策基本法》，开始实施对策。

日本政府于1967年（昭和四十二年）制定《公害对策基本法》，1971年（昭和四十六年）设立环境厅，开始处理公害问题，但政府是在四大公害造成了巨大社会问题之后才实施这些对策的。解答题3的关键是正确理解四大公害诉讼。

问题3（后续）

题3 下列选项中，哪一项是下划线部分（5）中四大公害发生地和致害物质的正确组合？单选。

イ 三重县——亚硫酸气体

ロ 爱知县——有机水银

ハ 熊本县——镉

ニ 新潟县——亚硫酸气体

ホ 富山县——有机水银

※ 下划线部分（5）四大公害

四大公害诉讼的内容如下：

水俣病 （熊本县）有机水银

第二水俣病 （新潟县）有机水银

痛痛病 （富山县）镉

四日市哮喘 （三重县）亚硫酸气体

所以，正确答案是选项イ。三重县石油化学工业区排出的亚硫酸气体是导致四日市哮喘的原因所在。

位于熊本县水俣的日本氮肥工厂排放出有机水银，吃了被有机水银污染的鱼贝后，当地居民出现有机水银中毒现象，这就是水俣病。第一个患者被发现的时候是经济高度成长之初的1956年（昭和三十一年），但到了十二年之后的1968年（昭和四十三年），水俣病才被认定为公害病。

次年 1969 年（昭和四十四年），患者集体提起诉讼，1973 年（昭和四十八年）原告胜诉，这一事件也落下了帷幕，不过距离第一次发现该疾病已经过去了十八年。同样的有机水银中毒事件在新潟县阿贺野川流域也发生了。

除此之外，富山县神通川因为镉中毒出现的痛痛病等也被认定为公害病。

然而，我们看了题 4 就会明白，公害问题并不局限于发生四大公害诉讼的特定地区。

问题 3（后续）
题 4 下列关于下划线部分（6）的叙述中，不正确的是什么？单选。

イ 造成公害事件作为一种犯罪成了处罚的对象。

ロ 人们对城市中的噪音问题议论纷纷。

ハ 臭氧层的破坏受到关注，成为社会问题。

ニ 政府开始发布光化学烟雾的注意警报。

ホ 设立环境厅。

※ 下划线部分（6）日本出现了与公害问题相关的社会性动向，政府忙于应对

正确答案是选项ハ。ハ中臭氧层的破坏成为社会问题是 20 世纪 90 年代以后的事情，所以是错误的。

正如试题所述，公害问题并非仅发生在特定的地区。大气污染问题越来越严重，到了夏天政府会发布光化学烟雾警报，考虑到大气污染可能会危害呼吸器官，孩子们的外出受到了限制。此外，高速公路和机场附近的噪音问题日趋严峻。

其四 现代的论点——环境问题无国界

环境破坏问题并非国家层面的问题，而是世界性的问题。其中包含了世界性的经济发展和全球规模的开发活动。

首先，世界范围内对氟利昂的使用造成了臭氧层的破坏。并且二氧化碳的排放引发了地球变暖现象。

于是，为了防止臭氧层的破坏，1987年（昭和六十二年）联合国会员国签署了《蒙特利尔议定书》。次年，日本也制定了臭氧保护法。针对臭氧层破坏问题，世界各国团结一致，已经取得了一定的成果。

另一方面，作为减少二氧化碳排放的对策，防止地球变暖会议于1997年（平成九年）在京都召开，会议通过了《京都条约》，要求从2008年到2021年，温室气体减排50%。

然而，就在即将缔结《京都条约》之际，世界最大的二氧化碳排放国美国表示不支持该条约。

并且,近年经济成长显著的中国和印度等新兴国家的二氧化碳排放量问题还未得到解决,这也是事实。

虽说环境问题已经从国家级别上升到了地球级别,但要统一所有国家的意见是十分困难的。我们居住在地球上的每一个人,都应该更加重视这一问题。这道试题可以说对解决相关问题起到了抛砖引玉的效果。

第十一部分　成长期的终焉

要点　日本能否重获过去的荣光？

2014 年度／商学院

这一部分我们透过 2014 年度商学院的试题，来谈一谈经济高度成长的终焉。

其一　日本为何能够取得经济高度成长？

问题 1

在日本从 20 世纪 50 年代中期开始的**イ经济高度成长期**中，以【ロ】、年功序列工资制、企业工会为象征的"日本式经营"发挥了作用。

经济高度成长指的是从20世纪50年代中期开始的经济飞速发展，且年均经济增长率维持在10%以上的时代。

题A中包含了就经济高度成长期作答的试题，为了解题，我们先对何为经济高度成长进行说明。

首先，日本的经济高度成长期曾出现了四大经济繁荣时期。

最初的经济振兴是20世纪50年代中期的"神武景气"，接着是50年代末到60年代初期的"岩户景气"，第三次是发生在1964年东京奥运会前后的"奥运景气"，第四次是兴起于60年代后半期的"伊奘诺景气"。

"神武景气"的命名，取的是神武天皇建国以来经济最繁荣之意。从名称就能看出，这是十分大型的经济振兴。

但其后不久，出现了超越"神武景气"的经济成长，因此采用了神武天皇即位之前神话时代的故事，取天照大御神从天岩户中出来，将世间瞬间照亮的时代，将其命名为"岩户景气"。

然而，到了20世纪60年代后半期，日本又迎来了比"岩户景气"更蓬勃的经济发展。从天照大神再往前追溯，就是日本国创世的伊奘诺尊时代了。换言之，这是日本作为国家诞生以来经济的鼎盛时期，所以有了"伊奘诺景气"

这个名字。

问题1（后续）

题A 在下列关于下划线部分イ的说明中，请选出一个正确的选项。

1. 黑白电视机、洗衣机、冰箱是在"伊奘诺景气"时期开始普及起来的。

2. 摆脱"锅底萧条"之后，出现了被称为"奥运景气"的繁荣景象。

3. 经济高度成长的开端是"岩户景气"。

4. 为了应对"证券萧条（昭和四十年萧条）"，政府在战后首次发行赤字国债。

5. "神武景气"是经济高度成长时期持续时间最长的繁荣期。

※ 下划线部分イ 经济高度成长期

先看"神武景气"，出现在20世纪50年代中期，也就是日本经济高度成长的第一个繁荣期。"神武景气"开始的1955年（昭和三十年），大米获得了大丰收，战争结束以来长期的粮食短缺问题得到解决。因此，次年1956年（昭和三十一年）的《经济白皮书》中出现了"已不是'战后'"的表述，说明日本已经摆脱了战后的粮食困境。

然而，经济振兴之后，反作用往往相伴而生，一定会出现经济萧条。"神武景气"的反作用引发了"锅底萧条"，始于1957年（昭和三十二年）前后，但萧条持续的时间较短，随后就进入了"岩户景气"。

因此，选项2中"锅底萧条"之后，出现"奥运景气"的说法是错误的。

而且，选项3中经济高度成长的开端是"岩户景气"这一表述也是错误的，不是"岩户景气"，应该是"神武景气"。

"岩户景气"中出现了"投资带来投资"这样的说法。究竟是什么意思呢？一般情况下，企业收益会被分配给股东，或者以工资形式发放给员工，但日本经济高度成长期间，企业的收益并不是通过这样的形式反映出来的，公司会用这些收益进行再投资，让企业本身得到发展，"岩户景气"就是这样诞生的。也就是说，让企业像滚雪球一样不断壮大，以此实现日本的经济振兴。并且，这些投资的着眼点是此后将于1964年（昭和三十九年）举办的东京奥运会。换言之，为了做好迎接东京奥运会的准备，需要确保各种基础设施的建设，企业也要确保自身的生产力。为此，企业反映收益的形式发生变化，并非提升眼前的工资和股价，而是对企业本身进行投资，一种具有日本特色的发展模式应运而生。所谓的"日本式经营"也是这种日本特色得以诞生的背景之一。

其二 "日本式经营"是世界他国无法效仿的经济成长源泉

问题 2

在日本从 20 世纪 50 年代中期开始的**イ经济高度成长期**中,以【口】、年功序列工资、企业工会为象征的"日本式经营"发挥了作用。

题 B 请将应该填入空格口中的四个汉字填写在答题纸的答题栏目中。

支撑日本经济高度成长的背景有三个,总结起来就是题面中所说的"日本式经营"。"日本式经营"是什么呢?具体说来就是空格口的**终身雇佣制**、年功序列制工资体系以及企业工会这三项内容。

欧美各国一般不采用终身雇佣制,所以会出现员工向当下能给自己开出最高薪酬的公司流动的倾向。但是,日本企业保证终身雇佣,也就是雇佣员工一直到 60 岁或者 65 岁退休为止,但员工年轻时的工资也会被相应地压低。当然,仅用终身雇佣这样的保证,是无法说服员工年轻时拿着低薪为公司工作的。于是就要实施年功序列制工资体系，年轻时虽然工资较低，但到了一定的年龄以后，企业确保会支付高薪。这样，员工就不会拘泥于眼前的工资高低，而是在企业中努力工作。

这一点和江户时代常说的徒弟制度相似，商人一开始都是学徒，最初几乎是不拿报酬无偿劳动，但学徒会逐渐晋升为二掌柜、掌柜，最终能够开出自己的分店。这样的形式是江户时代以来一脉相承的日本式企业习俗，将这种形式应用到日本整体的经济之中，能够令全日本国民都为经济的繁荣做出贡献，从而实现世界上独一无二的经济振兴。

最后是企业工会，工会是以企业为单位成立的，因此工会并非总是站在企业的对立面，而是在与公司的共存共荣之中做出自己的主张。从某种程度上说，工会对公司来说是有利的，换言之，工会是并非阻碍公司发展的存在，这一点对日本经济高度成长是有所助益的。

刚才的题 A 我们还没有解说完整。

问题 2（后续）

题 A 在下列关于下划线部分イ的说明中，请选出一个正确的选项。

1. 黑白电视机、洗衣机、冰箱是在"伊奘诺景气"时期开始普及的。

2. 摆脱"锅底萧条"之后,出现了被称为"奥运景气"的繁荣景象。

3. 经济高度成长的开端是"岩户景气"。

4. 为了应对"证券萧条(昭和四十年萧条)",政府在战后首次发行赤字国债。

5. "神武景气"是经济高度成长时期持续时间最长的繁荣期。

※ 下划线部分イ 经济高度成长期

"伊奘诺景气"是从东京奥运会结束后的1966年(昭和四十一年)开始的,这是经济高度成长时期持续时间最长的经济繁荣期。所以选项5中"神武景气"是经济高度成长期间持续时间最长的繁荣期这一说法是错误的,应该是"伊奘诺景气"。

而且,"伊奘诺景气"出现之前,受经济发展反作用的影响,自然也出现了经济萧条,即选项4中的**证券萧条(昭和四十年萧条)**。当时,日本政府在战后首次发行了赤字国债。通过赤字国债的发行,实现了"伊奘诺景气"。

因此,其后只要日本经济一触顶,政府就会发行赤字国债。由于政府反复进行这样的操作,导致现在赤字国债的金额极高。综上所述,正确答案是选项4。

关于选项1,黑白电视机、洗衣机、冰箱这三种电器被称为三种神器,这些是20世纪50年代后半期人们争相购买的电器。但选项1中描述的是20世纪60年代发生的伊奘诺景气,所以该选项错误。而到了20世纪60年代后半期,出现了被称为3C的热购清单。所谓3C指的是三种以英文C开头的商品:彩色电视(colorTV)、空调(cooler)、汽车(car),也就是家用轿车。

其三 经济高度成长为何会终结?

问题3

然而,1974年受第一次石油危机的影响,出现了名为ハ停滞性通货膨胀的现象,经济高度成长迎来了尾声。当时的政权是二田中角荣内阁。

到了20世纪70年代,经济高度成长进入尾声。给日本带来经济高度成长的是两大要素,廉价石油和低价日元。

在日本的经济高度成长期,石油是非常廉价的资源。其背景是当时被称为产油国的阿拉伯各国是非常贫困的国家,日本得以从这些产油国低价购入原油,再将其作为原料生产商品。

另一要因就是日元价低。根据1949年（昭和二十四年）的道奇路线，日本采用的是1美元=360日元的固定汇率。这一固定汇率从1949年（昭和二十四年）一直使用到1971年（昭和四十六年），持续了二十二年的时间。换言之，日本能够以二十二年前相同的标准向外国销售商品，对于买方国来说，日本制品是非常便宜的。以价格低廉的石油作为原料生产廉价的商品，再利用低价的日元向外国销售廉价商品，通过这一形式，日本实现了经济的高度成长。

当然，能够获得经济高度成长还有其他原因，包括日本制造的优良品质，利用石油实施日本式经营以此压低用人费用，以及日本每一个人都付出了超越工资水平的劳动，等等。

可是，1971年（昭和四十六年），美国深陷越南战争，经济面临危机，这就是所谓的尼克松危机（美元危机）。结果，由于美国无法继续维持1美元=360日元的固定汇兑牌价，日元最终升值为1美元=308.2日元。两年后，即1973年（昭和四十八年），固定汇兑牌价被废除，日本进入变动汇兑牌价的时代，日元出现了大幅升值。也就是说，至此，低价的日元系统崩溃了。此外，以同年爆发的第四次中东战争为开端，原油价格大幅上涨。OPEC（石油输出国组织）将原油价格提高到原来的4倍，因此用低价石油生产廉价商品这一支撑日本经济高度成长的要因不复存在了。

如此，1973年（昭和四十八年），促使经济高度成长的两大主要因素同时崩溃，日本的经济高度成长就此谢幕。并且在1974年（昭和四十九年），迎来了战后首次经济负增长的时代，还出现了下划线部分ハ中的停滞性通货膨胀现象。

问题3（后续）

题C 选出下列对下划线部分ハ的说明中叙述正确的一项。

1. 物价的变动和经济发展同时停止的现象
2. 物价的下跌和经济繁荣同时发生的现象
3. 物价的下跌和经济萧条同时发生的现象
4. 物价的上涨和经济繁荣同时发生的现象
5. 物价的上涨和经济萧条同时发生的现象

※ 下划线部分ハ停滞性通货膨胀

一般情况下，经济萧条是与物价下跌一同出现的。物价上涨意味着人们还有余力购买商品，代表着经济的繁荣。但是，当时日本同时失去了廉价石油和低价日元这两大支柱，导致被称为"狂乱物价"的物价急剧上涨现象出现了。物价飞涨与经济高度成长终结所导致的经济萧条同时发生，这种现象就是停滞性通货膨胀。因此，题 C 的正确答案是选项"**物价的上涨和经济萧条同时发生的现象**"。

问题 3（后续）

题 D 在下列选项中，选出一项属于下划线部分二时期发生的事件。

1. 为了应对公害和环境问题，设置了环境厅。

2. 为了实现对国土的综合性开发，设置了国土厅。

3. 随着中国和日本邦交的恢复，双方缔结了《中日和平友好条约》。

4. 基于日美之间签订的《冲绳返还协定》，实现了冲绳的回归。

5. 内阁会议决议将防卫费控制在国民生产总值的 1% 以内。

※ **下划线部分二田中角荣内阁**

在这样的情况之下，下划线部分二，即当时的田中角荣内阁倡导日本列岛改造论，就是通过在日本全国铺设新干线以及高速路，将地方城市和大都市相互联结，在地方上构建许多工业城市的计划。因此，就像选项 2 中所示，为了实现对国土的综合性开发，设置了国土厅。

但是，田中角荣的这一政治手段催生了建筑业界等的勾结，社会上出现了批判其政治手段是金脉政治的动向。并且，1976年（昭和五十一年），田中角荣首相因洛克希德事件被逮捕。曾经的内阁总理大臣被捕，事态发展到了前所未闻的程度。

其四 经济高度成长结束后，为何日本没有走向末路？

经济高度成长结束之后，日本实施了减量经营。通过机械化，将那些原本不必由人来完成的工作交给机器。并且，通过裁员等手段，彻底消除企业内部的浪费现象，以此保存企业的实力。如此一来，日本经济虽然不再处于高度成长的状态之中，但仍旧能够取得稳定的增长，日本走向了稳定成长的时代。

另外，日本此时不再采取使用低廉石油和低价日元生产廉价商品的方式，转而使用汽车、机械、电脑等高科技，逐渐往通过技术实力销售高价商品的方向发展。结果，20世纪80年代，日本成为经济大国，GNP占到了世界总量的10%，日本以发展中国家等为对象开展的政府开发援助（ODA）支付额度达到了世界第一的水平。

问题 4

在稳定成长期间，政府部门肥大成为问题。20 世纪 80 年代初期的铃木善幸内阁在"不【ホ】的财政重建"方针指导下，加快了行政、财政改革的步伐。继铃木内阁之后，ヘ中曾根康弘内阁提出"战后政治的总决算"，实施了各种政策。

但是，在日本经济高度发展的背景下，大规模的公共事业成了问题。这里所说的公共事业，也包含现在所说的建设、土木等国家事业。但除此之外，铁路、通信等部门当时依然是国家的专营事业，而问题就出在这上面。于是，20 世纪 80 年代初成立的铃木善幸内阁提出了空格ホ中所说的**不增税的财政重建**这一目标。

问题 4（后续）

题 F 在下列选项中，选出两项属于下划线部分ヘ时期发生的事件。

1. 实施电电公社、专卖公社、国铁的民营化。
2. 《国际和平协力法》(PKO 法) 成立。
3. 设置临时教育审议会。
4. 导入税率 3% 的消费税。
5. 设置第二次临时行政调查会。

※ 下划线部分ヘ中曾根康弘内阁

后任的中曾根康弘内阁对题F选项1中的**电电公社**（现在的NTT）、**专卖公社**（现在的JT）、**国铁**（现在的JR）实施了民营化。此外，选项三中**临时教育审议会**的设置也是发生在中曾根康弘内阁时期的事情。

其五 贸易摩擦——与美国的经济冲突

问题5

就在日本发展成为经济大国的过程当中，出现了对外经济摩擦。20世纪80年代前半期，美国"【卜】赤字"急速扩大，导致1985年9月【チ】的出现。在接受了包括纠正美元升值问题在内的【チ】，日元升值加速的同时，日本必须采取扩大内需的政策。此外，在日美之间的贸易摩擦中，美国采取了要求リ日本对本国产品输出量进行自主限制的措施。

20世纪80年代，在日本发展成为经济大国的过程中，出现了题面中所说的与美国之间的经济摩擦。例如，日本产品进军汽车产业之后，美国产品的销售受阻，失业率上升。

当时美国由于税收下降，出现了财政赤字。同时，因为大量进口日本产品等，国际收支也陷入赤字状态。这两者同时出现赤字的状况就是空格卜所说的**双赤字**。双赤字致使美国的经济情况非常糟糕。出于美国经济的回升能够带动全世界经济发展的考虑，1985年（昭和六十年）9月，日、美等五国政府在纽约签订了空格チ的广场协议。通过在一定程度上提高美元的水准来促使美国经济复苏。当然，这样做会造成日元升值，日本会出现短暂的经济萧条。但考虑到如果美国经济不复兴的话，世界经济就无法向良好的方向发展，于是日本接受了这一协议。其结果加快了日元的升值，日本商品在国外呈现涨价的状态，为此日本必须扩大内需，也就是要努力增加国内的需求。

接下来，我们最后分析一下论述题。

问题5（后续）

题I 关于下划线部分リ，在围绕日本汽车出口发生的贸易摩擦中，美国要求日本采取自主限制出口辆数的措施。在出口自主限制的情况下，为了确保收益，日本的汽车业界做出了怎样的应对？请在答题纸的解答栏写出答案，回答控制在40字以内，标点符号也算作一个字。

※ 下划线部分リ日本对本国产品输出量进行自主限制的措施

为了解决贸易摩擦问题，正如题I所示，日本被要求采取自主限制汽车出口辆数的措施。作为题I的回答，日本政府首先通过促进生产工序的合理化来削减成本，并且通过增加美国当地的生产量防止汽车销量的减少。所以，作答时可以写"**通过生产的合理化削减成本，通过在美国当地生产防止销售量的减少**"。

其六　现代的论点——与大国美国的交往方式

日本照顾美国经济的情况就是从 20 世纪 80 年代的贸易摩擦开始的。当然，正如"美国打个喷嚏，日本就会感冒"这句话所说的，日本与美国之间的经济关系可谓是非常紧密的。

然而，反观经济高度成长时期的日本，经济得以发展虽然确实少不了 1 美元 =360 日元的固定汇率制度这一背景，但最重要的还是日本独有的促使经济高速发展的方法。正是因为有了日本式的发展方法，才创造了全世界独一无二的经济高度成长。当然，要想在如今的日本社会中实施经济高度成长期使用的日本式经营，或许是十分困难的，也可能会出现各种各样的问题。

但同时，日本人特有的工匠精神以及团队合作、团结一致的力量等是世界其他国家无法效仿的。当我们一味追求国际标准，因而陷入这种恒常的闭塞状态时，对于现在的我们来说,时代召唤我们重拾那些日本式的智慧,并且进一步将其运用在经济发展之中。

第三章　探寻困扰日本的国际问题之渊源

21世纪的今天，日本仍在为20世纪的遗留问题而感到困扰。这些问题为何得不到解决？让我们再探日本直面的这些国际问题所产生的背景。

第十二部分　日韩之间

要点　日本人不得不知的"真相"

2006年度／人类科学院

让我们通过早稻田大学人类科学院的试题，探寻从明治政府成立到日韩合并为止的历史。

其一　朝鲜开国——日本为何急于促成朝鲜的开国？

问题1

日本政府 a <u>从明治初期开始就屡次对朝鲜半岛行使武力，将其作为获得利权的最大对象</u>。

题1　关于下划线部分 a，叙述正确的是什么？若没有正确的选项,请填"カ"。

ア 岩仓使节团出使期间,日本国内木户孝允、板垣退助等留守政府人员针对采取锁国政策的朝鲜倡导征韩论。

イ 以日本军舰遭炮击的江华岛事件为契机,双方缔结了《日朝修好条规》这一平等条约。

ウ 朝鲜国王大院君的王妃闵妃最初是亲日派,后来转而成为亲俄派。

エ 受到日本公使馆援助的金玉均等独立党人,发动了名为"壬午军乱"的政变。

オ 日清关系因朝鲜问题而恶化,为了对双方关系做出调整,伊藤博文和李鸿章签订了《天津条约》。

新成立的明治政府谋求与朝鲜建立邦交,但当时的朝鲜采取了锁国政策,没有对日本建立邦交的要求做出回应。

于是政府中出现了即便用武力也要打开朝鲜国门的**征韩论**主张。征韩论是岩仓使节团前往欧美不在国内期间,由国内人员(这些人被称为留守政府)提出的。留守政府的中心成员是板垣退助和西乡隆盛等人。

题1的选项ア出现了木户孝允这一人物。木户孝允是赴美岩仓使节团的一员,并非留守政府的人员,当然也没有倡导征韩论。所以选项ア是错误的。

征韩论这一构想,被当时作为岩仓使节团成员前往欧美的人们，也就是右大臣岩仓具视和参议伊藤博文、大久保利通、木户孝允等人否决。对此感到不满的征韩派人员辞去政府职务，开始自由民权运动。因此，自由民权运动是在日朝关系这一大背景下兴起的。

此后的 1875 年（明治八年），明治政府挑起了江华岛事件。此事件中，日本的军舰"云扬"在朝鲜的汉城（现在的首尔附近）附近一个叫作江华岛的地方对朝鲜进行武力示威，朝鲜政府对此行使了武力。以此为契机，日本政府逼迫朝鲜政府签订了《日朝修好条规》这一不平等条约。

所以，题 1 选项イ中平等条约的部分是错误的。那么，《日朝修好条规》在哪些部分是不平等的呢？下面进行介绍。首先是关税，条规中约定，日本向朝鲜出口商品时采取不收关税的原则。这一点与日本和欧洲各国缔结的不平等条约《安政五国条约》有很大不同。《安政五国条约》中对关税的规定，不过是日本和对象国家进行协商后决定，也就是采用所谓的协定关税制，关税本身还是存在的。但《日朝修好条规》中则完全取消了关税。

其后，朝鲜国内出现了希望今后追随日本的亲日派。可能有人会产生疑问，亲日派为什么会诞生？我们在这里做一个详细的说明。

朝鲜曾经是中国的属国，也就意味着是中国的小弟。

这样的状态并非是刚刚开始的，而是延续了二千多年的历史事实，所以朝鲜理所当然地认为自己是清朝也就是中国的属国。但是，到了近代，清朝在1840年爆发的鸦片战争中不敌英国，不仅输掉了战争，还在1842年签订了《天津条约》，同意将香港割让给英国，也就是说清朝的领土被夺走了。

此外，在1856年开始的第二次鸦片战争中，清朝再次败给了英国和法国。通过这些战争，清朝比欧洲弱小这一事实变得越发清晰。于是以被称为改革派的朝鲜人为中心，产生了"应该像之前一样继续做清朝属国吗"这样的疑虑。其中心人物叫作闵妃，是当时朝鲜国王高宗的妻子。

面对亲日派的抬头，想要保持固有状态的保守派发起了暴动，这就是1882年（明治十五年）的壬午军乱。壬午军乱被日本用武力镇压了，这时，看到日本高压态度的闵氏一族放弃了亲日派的身份，变回了一直以来固有的跟随中国的立场。所以，选项ウ中从亲日派转变为亲俄派的部分是错误的。

闵氏一族转为亲清派后，朝鲜政府内部的意见重新统一为继续追随中国。然而，此后1884年（明治十七年），爆发了中法战争。这是中国与法国之间的战争，当时法国想要侵略越南，清朝作为越南的宗主国对法国发起了战争。

但战争以清朝败北告终，越南成了法国的殖民地，朝鲜国内的改革派从这场战争中看到了危机。继续保持中国属国状态的话，如果当朝鲜像越南一样遭到欧洲国家侵略时，中国政府是无法与之抗衡的，朝鲜可能会成为欧洲的殖民地。抱有这种危机感的是以金玉均为代表的独立党团体，他们接受了日本公使馆的援助，在朝鲜发动了政变，被称为甲申事变。所以，选项エ中壬午军乱的部分是错误的，应该是甲申事变。

甲申事变之后，日本和清朝之间的关系恶化，因为甲申事变是在日本支持下的独立党与在清朝支持下的朝鲜政府之间的对战。也就是说，进一步发展成日本和中国之间战争的可能性十分大。然而，不管是日本还是中国，当时都并不想打仗。原因是中国在前一年的中法战争中败给了法国，国力有所倒退。而日本当时正致力于创建内阁制度、制定宪法、召开国会等重要的国家改革，没有余力进行大规模的对外战争。于是，为了调整恶化的日清关系，清政府全权大臣李鸿章与日本全权代表伊藤博文签订了《天津条约》。所以选项オ是正确的选项。

到了这里，大家可能会有疑问，日本为何要支持朝鲜独立党的政变呢？此处大家需要弄清楚的是，日本并非要将朝鲜半岛变为自己的殖民地，不过是支持了朝鲜国内那些想要脱离中国属国状态的人们。

当时，以越南为代表的各中国属国受到了被欧洲侵略的威胁，而朝鲜半岛就处于被俄罗斯侵略的威胁之中。当时的俄罗斯基本没有全年不结冰的不冻港，在还没有飞机的时代，对于一国的军事、经济来说，最重要的运输手段就是海上交通。因此，俄罗斯不管在军事上还是经济上与欧洲其他国家相比，都处于较为落后的状态。鉴于此，俄罗斯提出了南下政策，这是一项扩大南部殖民地的政策。受到这项政策威胁的是地处远东的满洲（中国东北部）和朝鲜半岛。所以，日本当时最害怕的事情就是朝鲜受到俄罗斯的侵略，落入俄罗斯的支配之下。但当时的朝鲜如果不摆脱中国属国状态的话，当俄罗斯侵略朝鲜时，日本就无法通过自己的力量进行阻止。因而，日本首先要做的是设法解除朝鲜和中国之间的属国关系。

其二　中日甲午战争——来自俄罗斯的巨大威胁

问题2

然而，最先成为殖民地的是在 b 甲午战争后被清朝割让的台湾。日本当初采用的 c 统治台湾的方法是选拔日本陆海军的大将、中将并任命为总督，实行把控行政、立法、司法

权限的军事统治。

在这样的情况之下,1894年(明治二十七年),朝鲜半岛的民众发动了被称为东学党之乱的叛乱。这一叛乱在日本军队和清朝军队出动后被镇压,但东学党之乱结束后日本军队和中国军队都没有撤离朝鲜半岛,而是直接进入了战争状态,这就是中日甲午战争。甲午战争以日本的军事性胜利告终,其结果是双方缔结《马关条约》。通过《马关条约》,日本从中国获得了台湾、辽东半岛、澎湖列岛。

但其中的辽东半岛是俄罗斯最想要的领土。因为辽东半岛可以利用西伯利亚铁路将物资运送到俄罗斯国内甚至是莫斯科,是一条十分重要的路线。并且,辽东半岛当时作为贸易港非常繁荣,对俄罗斯来说从经济上和军事上都具有非常大的魅力。如果这个城市成了日本的领土,那俄罗斯就很难有机会再控制辽东半岛了。于是,俄罗斯和德国、法国一起进行了三国干涉,强行要求日本将辽东半岛归还中国。

日本实在无法与这三个国家为敌发动战争,只得不情愿地答应了它们的要求。结果,"卧薪尝胆"一词在日本成了具有反抗俄罗斯之意的暗语。

问题2（后续）

题2 与下划线b部分相关的，根据《马关条约》割让给日本但由于三国干涉不得不退还的地方是哪里？请从地图中选择正确的编号，如无正确选项请填写"力"。

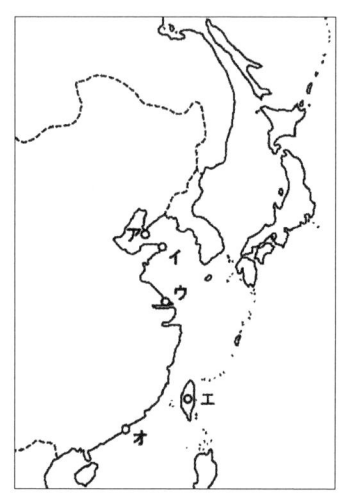

※ 下划线部分b 甲午战争后被清朝割让的

题2是看地图作答的试题，地图中的ア是辽东半岛。而イ是山东半岛，ウ是上海，エ是台湾，オ是香港。

在甲午战争之中，日本最大的收获是终结了朝鲜与中国之间的属国关系。《马关条约》开篇就规定清朝承认朝鲜的独立。然而，朝鲜脱离了与中国的属国关系之后没有选择日本，居然选择了向俄罗斯靠拢。如果朝鲜成了俄罗斯的属国或者殖民地，对于日本来说就得不偿失了。于是出现了日本三浦悟楼暗杀极力主张接近俄罗斯的闵妃一事，被称为闵妃暗杀事件。

其三 三国干涉与俄罗斯的满洲统治——与俄罗斯之间不可避免的战斗

问题3

通过日俄战争的议和，俄罗斯承认了日本对韩国的指导、监督权，割让了南库页岛，并且日本还取得了清朝关东州的各项利权等。日本在确保了进军大陆据点的同时，d <u>推进了韩国的殖民地化</u>。

甲午战争结束后，来自俄罗斯的威胁还在持续。1897年（明治三十年），朝鲜更名为大韩帝国。大韩帝国是亲俄政权，甲午战争结束之后，朝鲜和俄罗斯的关系变得更加紧密，这一结果对日本来说是极具讽刺意味的。同时，日本感受到了来自俄罗斯的巨大威胁。因为从朝鲜半岛南部的釜山到日本的福冈，现在坐船只要三四个小时就能到达，如果那里成了俄罗斯的领土，会对日本的防卫造成巨大的威胁，因此日本无论如何都要想办法切断朝鲜和俄罗斯的关系。

此外，1898年（明治三十一年），俄罗斯还租借了旅顺和大连。租借就是有期限的占领，是一种实际性的占领。而旅顺、大连就位于签订《马关条约》后日本在三国干涉下退还中国的辽东半岛上。也就是说，辽东半岛这片本应属于日本夺取的领土，现在被俄罗斯夺走了。另外，根据1901年（明治三十四年）签订的《辛丑条约》，俄罗斯获得了满洲的实际支配权。至此，来自俄罗斯的威胁重重地压在日本的头上，最终发展成了日俄战争。

其四　日本为何要占领韩国？

问题3（后续）

题4　下列与下划线b部分相关的选项中，接收韩国的外交权，使其成为日本保护国的是哪一项？如无正确选项请填写"カ"。

ア《日韩议定书》

イ《第一次日韩协约》

ウ《济物浦条约》

エ《第二次日韩协约》

オ《汉城条约》

※ 下划线部分 d 推进了韩国的殖民地化

以日俄战争的爆发为开端,日本和韩国之间缔结了各种各样的协约和条约。这些条约出现在了题 4 的选项之中。

首先,日本和韩国最先缔结的是选项ア中的《日韩议定书》。这是日俄战争开始时同时签订的,日本以保护朝鲜半岛为名,获得了军队在朝鲜半岛的自由通行权。然后,同年又签订了《第一次日韩协约》,韩国同意日本向本国派遣财政、外交顾问。就在日俄战争即将迎来胜利的 1905 年(明治三十八年),双方签订了**《第二次日韩协约》**。日本通过《第二次日韩协约》,夺走了韩国的外交权,让韩国成了日本的保护国。于是,日本在汉城设置了统管韩国外交权的政府机关,名为统监府,伊藤博文任初代统监。

对于韩国成为日本保护国这一点,所有的世界大国都是承认的。首先,英国和日本之间存在英日同盟,当然是认可韩国成为日本保护国的。俄罗斯在日俄战争结束后签订的《朴茨茅斯条约》中,事实上承认了韩国的保护国身份。最难的是得到美国的承认,日本通过签订《桂太郎—塔夫脱密约》,承认美国对菲律宾的领有,作为交换,美国承认韩国为日本的保护国。就这样,日本通过在国际社会上的一系列纵横捭阖之后,成功夺得了韩国的外交权。

但韩国国内对此的反对情绪十分强烈。日本通过日俄战争好不容易消除了来自俄罗斯的威胁，如果放任朝鲜国内这种反对情绪不管，可能一切又会化为泡影。

于是，日本在1907年（明治四十年）与韩国签订《第三次日韩协约》，要求当时的韩国皇帝高宗退位，还解散了韩国军队。韩国爆发义兵运动对此表示反抗，义兵运动的结果是发生了安重根暗杀伊藤博文事件。以这一事件为契机，次年1910年（明治四十三年），双方缔结了《日韩合并条约》，日本让韩国成为本国领土的一部分。

一般情况下，欧洲各国的殖民地侵略是为了从殖民地榨取廉价的原材料和低廉的劳动力，以此富裕自己的国家。但日本对韩国实施控制最主要的理由是为了保护韩国不受俄罗斯和欧洲的威胁，进而保卫日本本土，所以日本政府此后还大力促进韩国国内的基础设施建设。也就是说，对本应实施榨取行为的殖民地，日本不惜出现财政赤字，还要拿出钱来助其建设，这些行为都是建立在前述世界情势的基础之上的。

其五　占领韩国的实情

问题4

占领韩国后，日本基本上采用了与统治台湾相仿的措施，设置了朝鲜总督府作为军政机关，对于 e 抵抗日本统治的情况，到1919年为止，日本通过强权实施了被称为【1】的统治方针。

题6 下列选项中，应该填入空格1中的是什么？如无正确选项请填写"力"。

ア 文化政治

イ 超然主义

ウ 武断政治

エ 军国主义

オ 皇民化政策

占领韩国之后，韩国国内自然出现了反对占领的动向。实际上，正如前文所述，事态发展到了在义兵运动中暗杀伊藤博文的程度。于是，在统治韩国的最初阶段，日本采取了题6所说的**武断政治**。朝鲜总督府是统治韩国的最高组织，被任命的总督基本上都是陆军军人，通过这些措施日本构筑起了能够切实控制韩国的体制。

其后，到了大正时代，第一次世界大战爆发。第一次世界大战发展成了席卷整个欧洲的大型战争，持续了四年后于1918年结束，巴黎和会召开，签订了《凡尔赛条约》。当时，美国总统威尔逊倡导的是民族自决。他认为第一次世界大战是在某民族支配另一民族的框架中产生的，于是倡导今后不要再发生一民族支配另一民族的情况了。这么说看起来似乎是一种非常注重人种平等的想法，但威尔逊提出民族自决的对象仅限于白色人种。作为证据，我们可以看到在威尔逊提出民族自决之后，欧洲没有结束对亚洲和非洲国家的殖民地侵略。并且，当时日本向国际联盟提交了废除人种歧视的提案，虽然该提案在多数表决的过程中获得了过半的票数，但倡导民族自决的威尔逊本人却突然说，像废除人种歧视这样的重要事项，不做到全会意见一致是无法实现的，就此葬送了日本废除人种歧视的提案。

而1920年被提出的废除人种歧视提案实际被国际机构承认，要等到第二次世界大战结束后国际联盟被联合国取代的二十年后，即1965年。换言之，日本提出废除人种歧视提案后过去了四十五年，该提案才终于被采纳。

问题4（后续）

题5 A—C是与下划线部分e相关的在朝鲜半岛上发生的反日活动。下列选项中按照发生的时间顺序排列的选项是什么？如无正确选项请填写"力"。

A 义兵运动

B 三・一独立运动

C 甲午农民战争

ア A→B→C

イ A→C→B

ウ B→A→C

エ B→C→A

オ C→A→B

※ **下划线部分 e 抵抗日本统治**

总之，当时作为响应民族自决的一种形式，朝鲜半岛出现了谋求独立的运动。这就是题 5 中的 B **三·一独立运动**。所以，最先发生的是甲午战争引发的 C **甲午农民战争**，然后是 1910 年占领韩国引发的**义兵运动**，最后是占领韩国之后发生的三·一独立运动。综上所述，正确的顺序就是选项**オ**的"C → A → B"。

那么，最后我们来看看题 7。

问题 5

此后，f 日本与殖民地在经济上的相互联系越加深入，这些地区对日本经济发挥的作用也越来越大。

题 7 下列关于下划线部分 f 的选项，正确的是什么？如无正确选项请填写"**カ**"。

ア 作为殖民地台湾的中央银行被设立起来的横滨正金银行，成为台湾开发和现代化的中心。

イ 以台湾为中心进行交易而发展起来的日本邮船公司经营破产,成为引发金融恐慌的导火索。

ウ 作为殖民地朝鲜的中央银行被设立起来的朝鲜银行活跃在了朝鲜、满蒙的发展、开发活动之中。

エ 针对疲敝的朝鲜农村,日本采取了农山渔村经济更正运动,令其能够自力更生。

オ 台湾主要向日本运送大米,朝鲜主要向日本运送大米和原料糖。

台湾的中央银行不是横滨正金银行而是台湾银行,所以选项ア是错误的。此外选项イ中引发金融恐慌的导火索不是日本邮船公司的经营破产,而是铃木商店,所以イ也是错误的。

选项エ可能考的比较细,日本国内在遭受一次又一次经济危机后十分疲敝,于是政府开展了重振农村运动,即农山渔村经济更正运动。不是选项エ所说的针对朝鲜农村发起的运动,所以该选项错误。

最后选项オ,砂糖主要是从台湾运来的。朝鲜主要向日本运送大米,台湾向日本运送的主要是大米和原料糖,也就是砂糖。

第十三部分　战后赔偿问题

要点　日本赔偿了什么？今后还应赔偿什么？

2006 年度 / 法学院

前面所说的战争赔偿问题，是以什么样的形式解决的？或者说是否还没有解决？我认为这是作为日本人必须有所认识的问题。

近年，韩国出现了日本完全没有赔偿的论调。面对这样的动向，最关键的是每一个日本国民都要对这一问题有一个准确"理解"，这样才能做出良好的应对。

早稻田大学将从同盟国、亚洲各国、韩国这三个方面出发，分别说明战后日本做出的赔偿。

其一　美国和英国等为何放弃索要赔偿？

日本的战后赔偿是从1951年（昭和二十六年）《旧金山和平条约》规定日本独立后开始的。关于《旧金山和平条约》，我们先读一读早稻田大学的试题。

问题1
在缔结从法律上终结第二次世界大战的议和条约的过程中，日本向战争中受害各国进行赔偿的问题，对于议和后日本与对方国家的关系，以及日本的经济发展都具有重要意义。在1951年（昭和二十六年）签订的《旧金山和平条约》中，日本并没有实现 a <u>全面议和</u>。当时，b <u>东西冷战体制</u>已经形成，日本仅达成了与西方阵营同盟国之间的片面议和。针对赔偿问题，该条约的缔约国之间也没有定下统一的解决方式。美国和英国等多数国家对日本 c <u>放弃赔偿请求权</u>，但日本与菲律宾、印度尼西亚等被日本占领并受到损失的亚洲各国之间缔结了 d <u>个别的赔偿协定</u>。

首先大家需要知道的是，美国和英国等同盟国对日本"放弃"了赔偿请求权。那么，为什么要放弃呢？为了解答这个问题，就需要了解缔结《旧金山和平条约》的经过。早稻田出题的目的，就是为了考察大家是否知道其中的原委。

问题1（后续）

题1 关于下划线c。英美各国放弃对日赔偿请求权，是为了在东西方冷战进行的过程中，将日本拉入西方阵营，促进日本的经济自立而采取的措施。减轻赔偿是明示占领政策改变的措施之一。美国政府对日占领政策的转变最开始是通过1948年（昭和二十三年）1月当时陆军部长发表的演说表现出来的。请写出该人物的名字。

缔结《旧金山和平条约》很明显是为了"让日本独立，进入西方阵营"。日本当时正处于被占领的状态。在这里必须要厘清的一个事实是，占领日本的并非美国。占领日本的是GHQ（联合国军最高司令官总司令部），也就是说，是同盟国占领了日本。同盟国之中还包括东方阵营的苏联。因此，只要日本还处于被占领的状态之下，美国就无法将日本完全拉入西方阵营。

那么,为什么美国有必要把日本拉拢到西方阵营中呢？原因是距离第二次世界大战结束刚满两年时，东西方冷战于1947年(昭和二十二年)开始了。美国为了与苏联对抗，有必要将资本主义国家拉入自己的阵营之中。

其实，最开始美国想把日本改造成一个农业国，换言之，想让日本成为一个贫乏的国家。因为美国认为如果日本拥有了经济实力，就会像战前一样，成为欧美各国的威胁。但是，冷战开始之后，美国重新认识到了日本的利用价值。

日本地处远东，靠近苏联。并且当时中国和朝鲜正向社会主义国家发展。与苏联、中国、朝鲜都相距不远的日本对于美国来说，在战略上变得非常重要。如果将日本拉入西方阵营时它仍然是个弱小的队友就没什么意义了。但即便如此，1947年（昭和二十二年）开始施行的《日本国宪法》已经规定了日本放弃战争权，因而不能让日本成为一个军事大国。于是，美国考虑让日本成为经济强国，把日本打造成自己的强大队友。

因此，正如题1中所述，出现了1948年（昭和二十三年）1月的陆军部长罗亚尔的演说。演说的中心内容是"促进日本的经济独立，令其成为共产主义的屏障"。根据这一主旨，美国做出了两项决定。第一是减轻日本的赔偿，第二是放缓企业的分割进度。因此，战前就存在的日本财阀才免受重创。

日本周边的国际情势加快了美国将日本拉入西方阵营的步伐。1948年（昭和二十三年），朝鲜半岛南北分裂，北部建立了朝鲜民主主义人民共和国。并且次年1949年

（昭和二十四年），中国共产党建立了中华人民共和国。到了1950年（昭和二十五年），朝鲜战争爆发了。据说，朝鲜战争爆发之际，美国和日本的主要领导认为"朝鲜战争可能成为第三次世界大战的开端"，于是，美国急忙促成了日本的独立。对于日本在美国的意愿下获得独立一事，以苏联为中心的各国自然是不认同的。所以出现了题面中所说的，采取了片面议和的形式，议和对象不包括以苏联为中心的各个国家。当然，日本国内有人对此表示反对，早稻田大学的试题就与此相关。

问题1（后续）

题2 关于下划线a，全面议和论指的是将所有同盟国作为缔约国缔结议和条约，其中也包括苏联、中国等国家。下列人物中不是全面议和论提倡者的是谁？单选，答案涂写在答题纸相应位置。

あ 安倍能成

い 芦田均

う 大内兵卫

え 南原繁

お 矢内原忠雄

※ 下划线a 全面议和

南原繁是东京大学的总长，倡导全面议和论，是与吉田茂首相针锋相对的人物。此外，日本社会党和日本共产党也提倡全面议和论。本题的正确答案是选项い的"芦田均"。芦田均是民主党（当时是国民民主党）政治家，并非全面议和论的倡导者。

其二 对亚洲各国的赔偿——以赔偿为名的经济进军

在《旧金山和平条约》中，许多国家放弃了索要赔偿的权利，但被日本占领的亚洲各国要求日本分别做出赔偿。让我们来看一看试题。

问题 2

美国和英国等多数国家对日本 c 放弃赔偿请求权，但日本与菲律宾、印度尼西亚等被日本占领并受到损失的亚洲各国之间缔结了 d 个别的赔偿协定。

与日本签订赔偿协定的是四个国家，分别是菲律宾、印度尼西亚、缅甸和南越。根据赔偿协定的规定，日本赔偿菲律宾 5.5 亿美元，连同追加的部分在内赔偿缅甸 3.4 亿美元，向印度尼西亚和南越分别赔偿 2.2 亿美元和 3900 万美元，共计 10 亿美元，在 1976 年（昭和五十一年）为止的近二十五年时间内完成支付。当时 1 美元兑换 360 日元，大学毕业生担任国家公务员的首月薪水大概是 5000 日元，所以这一金额的价值大约是今天的 60 倍，是一个极为庞大的数字。并且，除此之外日本还提供了许多民间借款。

早稻田大学的试题中提到了日本对这四国以外的其他国家也进行了类似赔偿的援助。

问题 2（后续）

题 4 关于下划线 d。在亚洲各国中也有放弃了对日赔偿请求权的国家，日本对这些国家实施了类似赔偿的援助，提供了经济技术合作等。在这些国家之中，虽然没有参加旧金山议和会议，但在《旧金山和平条约》生效的同时宣布结束对日战争状态，并且较早与日本恢复外交关系的国家是哪一个？请填写该国家的国名。

※ 下划线 d 个别的赔偿协定

本题的提示是"没有参加旧金山议和会议"这一部分。没有参加旧金山议和会议的是印度、缅甸和南斯拉夫这三个国家。其中，印度在《旧金山和平条约》生效的 1952 年（昭和二十七年）与日本签订《日印和平条约》，两年后的 1954 年（昭和二十九年），缅甸与日本签订了《日缅和平条约》。题面中说到了"较早与日本恢复外交关系的国家",所以正确答案是**印度**。

战争中印度虽然没有遭到日本的直接占领,但日本按照赔偿的标准向其提供了经济、技术的合作。那么,关于这一经济合作,我们来看看试题是怎么介绍的。题面中对日本以赔偿为出发点向亚洲经济市场进军的情况进行了说明。

问题3

在与亚洲各国的赔偿协定中,采用了日本向其提供产品和劳务的 e 赔偿方法。根据不同的对象国,赔偿的具体内容有所不同,但就在赔偿亚洲各国的过程中,形成了日本企业向东南亚进军的立足点,由此确保了日本商品的海外市场。

从题面中我们可以看出日本"以赔偿为名的经济进军"这一侧面。1955年(昭和三十年)以后,日本迎来了经济高度成长的时代,而经济成长的背后,向亚洲经济市场进军这一点也是不可或缺的。早稻田大学的试题问的是在缔结赔偿协定时日本不能做什么。其实,对于这个问题,教科书上是没有给出答案的,但联系当时的时代情势就能够解答出来。

问题3（后续）

关于下划线e。《旧金山和平条约》对同盟国与日本缔结双边赔偿协定时必须避免的赔偿方法做出了规定。这一必须避免的赔偿方法是什么？单选，答案涂写在答题纸相应位置。

あ 道路、港湾设施的建设

い 提供打捞沉船的劳务

う 对汇兑造成负担的赔偿

え 各种制造工厂的建设

お 提供日元借款

※ 下划线e 赔偿方法

上一题的题面中说赔偿协定要求"日本提供产品和劳务"。选项い提供打捞沉船的劳务正是提供劳务的一种形式，该选项是没有问题的。选项あ中"道路、港湾设施的建设"、选项え中"建设各种制造工厂"，这些经济援助也都是日本进军亚洲市场的立足点，因此没有问题。剩下う和お两个选项，选项お的"提供日元借款"正是支付赔偿金的一种形式，也没有问题。所以，本题应该选择选项う。

此外，试题中还提到，20世纪60年代以后，日本对亚洲实施了新的经济援助。

问题 4

日本没有止步赔偿这种形式,从 20 世纪 60 年代开始,日本通过新的 f 经济援助强化了与亚洲各国的关系。然而,日本提供的经济利益,未必能改善对方国家国民的生活。经济援助期间出现了对象国领导层与日本企业的勾结,以及牵涉日本国内利权的政治家干预等问题。

这里所说的经济援助指的就是 ODA。下面的试题对 ODA 进行了详细的说明,只要运用一些推理能力就能够答出这道题目,请大家也尝试解答一下吧。

问题 4(后续)

题 6 关于下划线 f。经济援助中,在国家层面上实施的双边援助被称为政府开发援助(ODA)。日本的 ODA 是以世界各地的发展中国家为对象的,ODA 支付额度超过美国成为世界第一的是哪一年?单选,答案涂写在答题纸相应位置。

あ 1973 年

い 1979 年

う 1985 年

え 1989 年

お 1997 年

※ 下划线 f 经济援助

日本的ODA支付额度竟然超过了美国成为世界第一。此事发生在选项え的"1989年"。1989年12月29日，日本经济平均指数[1]达到战后最高值，这一年正处于泡沫经济的高潮。因此，日本ODA支付额度达到了世界第一。

大家可能容易误以为，早稻田大学日本史的试题都是吹毛求疵需要死记硬背的问题，但我们从题5和题6也能看出，其实反而有很多题目考察的是大家是否具有进行仔细推敲的思考能力。

其三　对韩国、朝鲜的赔偿结束了吗？

召开旧金山议和会议的时候，韩国和朝鲜正处于朝鲜战争之中，因此没有被邀请参加议和会议。日本独立后立刻开始了与韩国邦交正常化的交涉，但进展并不顺利。关于这段历史，我们来读一读试题。

问题5

1950年（昭和二十五年）朝鲜战争爆发，大韩民国与朝鲜民主主义人民共和国在北纬38度线上对峙，因此没有被

---

[1] 由《日本经济新闻》社编制的股票价格指数，是根据东京证券交易所第一市场上市的225家公司的股票算出的股价指数。——译者注

邀参加旧金山议和会议。日本政府与大韩民国的李承晚政府开始了邦交交涉，但进展并不顺利，日韩交涉一直拖到了20世纪60年代。日本政府与通过政变夺取权力的g <u>军事政权</u>在1965年（昭和四十年）缔结了h《<u>日韩基本条约</u>》。关于赔偿请求权，双方的主张相互对立，最终采取了政治性解决方式，即日本政府以及日本民间与韩国进行有偿及无偿的经济合作。

日韩邦交交涉进展艰难的理由就在于赔偿请求。韩国方面提出了多达八项的"对日请求权要项"，概括起来就是"日本人在韩国赚的钱多数都是韩国的，所以要把钱还给韩国"这样的内容。面对韩国的强硬姿态，日本要求获得在韩私有财产相关的补偿。不过，美国认为这样下去日韩永远都只是两条平行线，所以敦促日本撤回自己的要求，并且让韩国做出一些妥协。

于是，日本将在韩国进行的大量基础设施建设全部无偿让渡给韩国，希望能够与韩国建交。

问题5（后续）

题7 关于下划线g。在这一军事政权中就任总统的是谁？请填写其姓名。

※ 下划线g 军事政权

正确答案是**朴正熙**。韩国第一位女性总统朴槿惠就是他的二女儿。朴正熙在 1961 年（昭和三十六年）发起政变后成为总统，作为亲日人士，他积极地为促成韩国与日本建交而努力。1965 年（昭和四十年），日本和韩国正式建交，签订了《**日韩基本条约**》。然而，就像刚才的题面所述，关于赔偿请求权的规定，日韩双方的意见相左，因此没能将赔偿规定写入《日韩基本条约》。

所以，赔偿采取了政治性的解决方式。具体说来，日韩同时还签订了《大韩民国和日本国之间的财产及请求权相关问题的解决及经济合作相关协定》，规定日本在 10 年的时间内向韩国提供 3 亿美元的无偿借款和 2 亿美元的有偿借款。除此之外，还约定了提供 3 亿美元的民间借款。当时 1 美元兑换 360 日元，大学毕业生担任国家公务员的首月薪水约 2 万日元，因此当时的货币是现在货币价值的 30 倍，这无疑是一项巨大的经济供给。

实际上，韩国经济在此后的 20 世纪 70 年代取得了惊人的发展，被称为"汉江奇迹"。在这一经济发展的背后，日本提供的巨大经济支持绝对是功不可没的。

缔结该协定时留下的议事录中有这样的记载："日韩会谈中包含了韩国方面提出的《韩国对日请求要项》中所有的请求，因此，对于该对日请求要项，确认其中的任何主张均不成立。"据此可知，日本对韩国的赔偿已经全部完成，其中包括了对韩国国民的赔偿和对朝鲜的赔偿。因此，若韩国与朝鲜建交后，需要将日本暂存在韩国的赔偿金交给朝鲜。

其四 现代的论点——了解《日韩基本条约》

至今，韩国舆论中认为应当向日本索要赔偿的观点依然占据主流。此外，朝鲜在谋求与日本邦交正常化以及解决朝鲜绑架日本人问题[1]时，将赔偿当作一枚筹码。当我去平壤进行实地采访时，朝鲜的士兵们用强硬的语气说道"日本应当为过去的事情对朝鲜进行赔偿"。

然而，日本对韩国的赔偿已经结束，并且其中还包含对朝鲜的赔偿。从某种意义上说，韩国国民或朝鲜国民对这一点不太清楚，或许是没有办法的。但如果很多日本国民对此不甚了解，那就是个大问题了。

此外，如今互联网得到普及，韩国的国民得以对《日韩基本条约》的内容有所了解，因此将"从军慰安妇"当作筹码，主张《日韩基本条约》中没有包含这一内容，因

---

[1] 是指朝鲜于 1977 年到 1988 年间多次在日本本土以及欧洲绑架日本人的问题。——译者注

此要求日本进行赔偿。

另外，在亚洲各国中，虽然出现了日本企业和当地政府勾结等问题，但日本切实进行了赔偿这一点也是确凿无疑的事实。

不管怎样，作为一名日本人，重要的是能够真正"掌握"迄今为止的赔偿经过，其重要性是不言而喻的。

第十四部分　近现代的日俄关系

要点　北方领土问题爆发的背景

2009 年度 / 社会科学院

从第二次世界大战结束到今天已经过去七十年有余，但北方领土问题依然没有得到解决。北方领土指的是择捉岛、国后岛、色丹岛和齿舞岛这四个岛屿。迄今为止，在这四座岛上有过怎样的历史渊源，让我们通过社会科学院的入学考试试题来一窥究竟。试题通过五篇史料解读了近现代的日俄关系。

其一 北方四岛的领有

日本于 1854 年（安政元年）签订了《日俄和亲条约》。前一年的 1853 年（嘉永六年），美国的佩里来航，要求日本开国。当时，俄罗斯的普提雅廷也来航长崎，要求日本开国。次年的 1854 年（安政元年），日本和美国缔结了《日美和亲条约》后，又与俄罗斯、英国、荷兰签订了和亲条约。

问题 1

第二条 今后日本国和俄罗斯的疆界应在【A】岛和【B】岛之间。【A】全岛属于日本，【B】全岛及其以北的千岛群岛属于俄罗斯。至于桦太岛[1]，日本国和俄罗斯之间不分界，维持以往之惯例。

空格 A 应当填写的是**择捉**，空格 B 则是**得抚**。

《日俄和亲条约》规定日俄疆界位于择捉岛和得抚岛之间。也就是说，此时的俄罗斯很明确地承认北方四岛是日本的领土。从这时到 1945 年（昭和二十年）战争结束为止，北方四岛一直都是日本的领土，所以日本主张"北方领土是日本固有的领土"。

1　即库页岛。——译者注

当时萨哈林岛（库页岛）上并没有特别规定国境，属于"两国国民的杂居之地"。在《日俄和亲条约》中，库页是被当作一个岛屿来对待的。可能会有人说"库页是岛屿这一点不是常识吗"？但事实上，进入 19 世纪之后，也就是《日俄和亲条约》缔结的仅仅约五十年前，库页才被判定为一个岛屿。而且，判定库页是岛屿这一点，还要归功于**间宫林藏**这位日本人。

间宫林藏跟随伊能忠敬学习了测量技术后，接日本幕府的命令在虾夷地[1]进行探险。当时，间宫林藏在库页和欧亚大陆之间一路北上，却一直没能抵达陆地。于是终于发现库页并非欧亚大陆的一部分，而是一个岛屿。

因此，欧亚大陆和库页之间的海峡是以间宫林藏的名字命名的，叫作"**间宫海峡**"。间宫海峡的名字至今还出现在日本的地图上，而且包括俄罗斯在内全世界的地图都采用了这一命名。

其二　库页与千岛的交换

江户幕府倒台，明治政府统治日本之后，成了日本与

---
1 以现在的北海道（南部的渡岛半岛除外）为中心，包含库页岛与千岛列岛等地。——译者注

外国交涉的窗口。明治政府对北方领土的认识是怎样的？为了考核大家是否理解这方面的历史，社会科学院用明治政府最初和俄罗斯缔结的条约内容出了一题。让我们来看看条约的文本内容：

第六款　让与库页岛即萨哈林岛，为报偿所得利益，俄罗斯皇帝陛下对下述全部条件予以准许。（中略）

这一条约是明治政府于1875年（明治八年）与俄罗斯缔结的《桦太千岛交换条约》。正如条款中所述，日本将库页让与俄罗斯。作为交换条件，日本不仅领有北方四岛，千岛列岛全岛均归日本所属。但是，这是一项非常不平等的条约。

库页的面积是76400平方千米，几乎和北海道大小相同，而千岛列岛所有岛屿面积的总和只有10000平方千米。放在现代，领有面积广大的诸岛就能享有广泛的渔业权等利权。但当时的人们几乎没有这样的概念，所以这一条约对日本来说是非常不平等的条约。那么，日本政府为什么会接受这种包含不平等内容的条约呢？

当时的明治政府正忙于开发北海道，于是将库页的所有权利都让与俄罗斯，并约定以日本领有千岛全岛作为交换。也就是说，原本没有规定国境由两国国民杂居的库页岛自此才成为"俄罗斯领地"。

但是，就算在这样的不平等条约之中，北方四岛也还是日本的领土。

既然如此不平等的内容摆在了眼前，那么，就如条文中所述，日本对交换条件提出了要求。其内容如下。

问题2

第一条 自本条约批准互换之日起【C】年内，日本船到达"科尔萨科夫"港即"久春古丹"免收入港税和海关税。(中略)

第二条 日本船及商人通商航海抵达"鄂霍次克"海诸港及堪察加半海港（中略）经营【D】等，享有与俄罗斯国民同样的权利及特别恩典。

一上来就要求大家填空可能是比较困难的，所以试题采用的考核方式是从选项中选择内容填入空格。

问题2（后续）

题2 下列词语的组合中，能够填入（史料2）空格【C】和【D】中的是什么？

イ 五 交易

ロ 十 渔业

ハ 五 通商

二 十 交易

ホ 五 渔业

正确答案是选项ロ。

顺便提一句,这道试题在早稻田大学的试题中也属于难度较高的题目,可能成功考入早稻田大学的学生之中,也有很多人无法选出正确答案。

日本以签订《桦太千岛交换条约》为代价从俄罗斯获得了三种权利,时限为十年。

(1)免除进入俄罗斯的入港税

(2)免除俄罗斯的关税

(3)鄂霍次克海及堪察加半海的渔业权

这些权利作为库页岛的交换条件虽然让人觉得有些不太充分,但从当时日本的国力来说,这已经是最好的交换条件了。

其三 南库页的领有

签订《桦太千岛交换条约》的三十年之后,日俄战争爆发。在日俄战争中取得胜利的日本与俄罗斯签订了《朴茨茅斯条约》,据此,日本从俄罗斯获得了各种各样的权益。我们通过2008年度人类科学院的试题来进行解说。

问题3

题7 下列选项中,哪一内容不属于日本从日俄战争后缔结的《朴茨茅斯条约》中获得的权益?单选,答案涂写在答题纸相应位置。

ア 沿海州、堪察加半海的渔业权

イ 日本对韩国的优越权、指导权

ウ 辽东半岛南部租借权和长春以南铁路及其附属权益

エ 辽东半岛、台湾、澎湖列岛的割让

オ 库页北纬五十度以南的割让

正确答案是选项エ。"台湾"是中国割让给日本的领土,所以答案很快就能选出来了。

日本通过签订《朴茨茅斯条约》获得了北纬五十度以南的南库页。当然,千岛列岛还是日本的,所以千岛列岛以及南库页都成了日本的领土。

根据1875年(明治八年)签订的《桦太千岛交换条约》,日本获得了为期十年的选项ア中"沿海州、堪察加半海的渔业权"。赢得日俄战争的胜利后,日本得以无限期地拥有这一权利。

其四　从俄国到苏联

1918年（大正七年），俄国革命爆发，诞生了世界首个社会主义国家苏维埃联邦。日本和欧美各国认为应当阻止俄国的社会主义化，于是出兵西伯利亚，但不久后就撤兵了。日本于1925年（大正十四年）签订了《日苏基本条约》，与苏联建交。当时，日本获得了库页岛油田一半的开发权。当然，苏联承认了日本对包括北方四岛在内的千岛列岛的领有权。

当日本陷入了以九一八事变为开端的战争泥沼中之时，日本与苏联之间于1941年（昭和十六年）缔结了《日苏中立条约》。然而，苏联在1945年（昭和二十年）8月8日无视《日苏中立条约》向日本宣战，一举入侵满洲和朝鲜。那么，苏联为何在签订了《日苏中立条约》之后还要向日本宣战呢？这背后存在着1945年（昭和二十年）2月在雅尔塔会议上签订的秘密协定。2005年度政治经济学院的试题收录了这一秘密协定的条文，让我们一起看一看。

问题4
题2　三大国……的领导者协定，德国投降，并且在欧洲战争终结后的二个月或三个月后，苏维埃联邦应当根据以下条件加入同盟国之中，参加对日战争。

德国是在5月投降的，所以三大国（美国、英国、苏联）相互约定苏联将在7月或8月参加到对日战争中来。苏联参战是为了早日结束大东亚战争（太平洋战争）。

让我们来看一看秘密协定中苏联参战的条件。

问题5

一、维持外蒙古（蒙古人民共和国）的现状。

二、因遭遇1904年日本的背信攻击而受到侵害的俄罗斯旧有权利按照如下情况予以恢复。【2】的南部以及与其相邻的一切岛屿归还苏维埃联邦。

三、将【3】交还苏维埃联邦。

空格2缺少的是库页，空格3应当填写千岛列岛。

第二条中，"1904年日本的背信攻击"指的是日俄战争。在日俄战争中，美国、英国也是支持日本的。然而，在雅尔塔会议上，英美曾经支援过的日俄战争被写成了"日本的背信攻击"，着实令人震惊。空格2应当填写的是日本通过日俄战争获得的领土，所以是库页。

这里比较难的是空格3，正确答案是"千岛列岛"。这里"千岛列岛"这种暧昧不清的记载成了后来争端的隐患。

苏联以雅尔塔秘密协定为依据，理所当然地领有包括北方四岛在内的千岛列岛全岛。当然，雅尔塔协定是不为日本所知的秘密协定，所以日本的意见并没有反映其中。此外，美国、英国在缔结该秘密协定之际，是否认识到了北方四岛是日本固有领土这一点也是值得怀疑的。就跟我们不清楚英国周边诸岛和美国周边各岛的详细情况是一个道理。

雅尔塔协定中"将千岛列岛交还苏维埃联邦"这种暧昧的表述引发了北方领土问题。

苏联的进攻在日本宣布无条件投降的8月14日之后仍在继续。或许苏联认为日本接受《波茨坦公告》只是对美、英、中的投降。苏联在8月28日登陆择捉岛留别村。由于日本当时已经宣布无条件投降，并没有布置军力，在这样的情况下，苏联仅用了五天就占领了北方四岛。而北方四岛被占领的9月1日正是日本在密苏里号上签署投降书的前一天。

其五 《日苏共同宣言》与北方领土

日本在1951年（昭和二十六年）的《旧金山和平条约》中正式放弃库页岛。然而，关于北方四岛的协商一直被搁置到了1956年（昭和三十一年）发表《日苏共同宣言》之时。

早稻田大学要求大家对《日苏共同宣言》有所理解，因此出了下面这道试题。

问题6

九、日本和苏维埃社会主义共和国联邦同意，两国恢复正常的外交关系后，就缔结和平条约继续谈判。苏维埃社会主义共和国联邦鉴于日本国之希望，并考虑日本国之利益，同意将齿舞群岛及色丹岛移交给日本国。但这些岛屿应在日本与苏维埃社会主义共和国联邦缔结和平条约之后方能实现移交。

题8 请写出（史料4）的文件名称。

答案是《日苏共同宣言》，让我们通过史料来解读其内容。《日苏共同宣言》只是为了恢复邦交而缔结的条约，并非和平条约。《日苏共同宣言》中规定，为了缔结和平条约今后将继续进行交涉。并且，缔结和平条约之后返还齿舞群岛和色丹岛。

这里没有涉及择捉岛和国后岛的文字。虽然日本要求返还固有领土的北方四岛，但苏联对择捉岛、国后岛的归属采取了已决问题的立场，于是和平条约的缔结被搁置了。当时《日苏共同宣言》中对择捉岛、国后岛归属问题的叙述采取了一种似乎问题已经得以解决的口吻，因此北方领土问题成了一个非常复杂的问题。

那么,为什么会缔结这样的条约呢?缔结《日苏共同宣言》的是日本民主党的鸠山一郎内阁。自由党此前采取的是紧跟美国路线,而日本民主党是由对此表示反对的人们组建起来的政党,鸠山内阁倡导的是"自主外交",还实现了与苏联的建交。日本当时急于与苏联建交的背景是:由于苏联的反对,日本无法加入联合国,而日本又迫切想要加入联合国。

其六　现代的论点——北方领土问题还未尘埃落定

2014年(平成二十六年)11月9日,为了出席亚太经济合作组织会议(APEC)而访问中国的安倍晋三首相与俄罗斯的普京总统进行了会谈,双方就重启日俄和平条约的交涉达成了共识。这一交涉中也包含了北方领土问题,日俄关系将迎来进一步发展的局面。

距离两国在1956年(昭和三十一年)发表《日苏共同宣言》已经过去了近六十年,双方终于踏上了缔结和平条约的道路。

但是,对于择捉岛、国后岛的归属问题,俄罗斯仍然保持了在《日苏共同宣言》中已解决的姿态。因此,缔结和平条约的这条道路想必还是崎岖如故。

　　此外,居住在北方四岛上的亚洲人多数已经定居六十年以上,对于他们来说,北方四岛就是自己故乡的这一认识变得十分强烈。另一方面,日本国内的现状是,战前居住在北方四岛上的人数已经越来越少。

　　但是,祖坟在北方四岛上的人还有很多。领土问题已经被搁置了长达七十年之久,因而已然演化成了一个非常难解的问题,这一点也是事实。早稻田大学这道试题似乎就在呼唤大家回到历史的原点,认真思考北方领土这一问题。

第十五部分　战后日美关系

要点　美国是日本的救世主还是侵略者？

2014 年度 / 政治经济学院

美军基地问题、TPP 问题、安全保障问题……日本周边各国对战后日本的看法不同，有些国家对日本的印象是类似美国的属国。战后，这种日美关系被建立起来的背景是什么？让我们通过政治经济学院的试题来一起探寻战后的日美关系史。

其一　《旧金山和平条约》

政治经济学院的试题的开头引用了 1951 年（昭和

二十六年）缔结的《旧金山和平条约》的条文内容。

问题 1

第一条

（a）日本与各同盟国之战争状态，……自日本与各同盟国之条约生效日起结束。

（b）同盟国承认日本与其领海是日本国民之完全主权。

正如此处的引文所写，《旧金山和平条约》结束了日本和同盟国之间的战争状态，日本得以独立。日本的独立是在次年 1952 年（昭和二十七年）的 4 月 28 日生效的。知道"4 月 28 日"是独立日的日本人可能寥寥无几。当然，日本并非通过激烈的独立运动才赢得了独立，因此独立观念与他国相比可能较为淡薄。但"不知道独立日"可能会助长一部分国家的诡辩之势，认为"日本人不接受被占领的事实，是一个没有反省的国家"，因此作为日本人应当对此有所知晓。

不过，我们很难说日本的独立是国民自发性的要求。由于前一年爆发了朝鲜战争，美国"希望日本能够尽快独立后加入西方阵营"，所以加快了促使日本独立的进程，这是一个不争的事实。日本是根据美国的意志而独立的，所以苏联等国家没有签署这一和平条约，因此日本国内也出现了反对缔结该条约的动向。题1考察的就是大家是否知道发起该反对运动的人物究竟是谁,这是一道很符合早稻田大学风格的试题。

问题1(后续)

题1 围绕《旧金山和平条约》,日本国内产生了论争。签订这一条约的首相对某知识分子批判政府立场的主张进行批判,认为这不过是"曲学阿世之徒"的言论罢了。遭到首相批判的知识分子是谁?

あ 安倍能成

い 大内兵卫

う 南原繁

え 矢内原忠雄

お 和辻哲郎

当时的首相是吉田茂,那时的政府似乎就已经开始对批判其立场的知识分子所持意见不闻不问,早稻田大学出题的目的可能是想要控诉这样的状况。

事实上,选项中出现的所有人都对政府想要缔结《旧金山和平条约》的做法表示反对。这些在教科书中占有一席之地且名留青史的杰出人物纷纷反对吉田茂的观点,但吉田茂对这些反对之声充耳不闻。

正确答案是选项う"**南原繁**"。南原是政治学家,战后东京大学的第一任总长。对于这样一位可以称之为"政治学权威"人物的意见,吉田茂以"不符合自发采取行动之意"为由不予采纳。

南原主张"应当和包括苏联、中国在内的所有同盟国缔结"和平条约,因此被吉田茂首相非难为"曲学阿世之徒",也就是为迎合舆论歪曲自身学问的恶劣之辈。吉田茂不仅无视了南原的意见,国民的呼声也是言不入耳,甚至说出迎合舆论的人都是愚者这样的话,可以说比现在的政治家更加"漠视国民"。

顺便提一句,吉田茂于两年后的1953年(昭和二十八年)2月28日,在众议院预算委员会上对社会党的西村荣一议员低声说了一句"混蛋",偶然被麦克风收音后传了出来。西村议员听到后进行抗议,众议院也因此解散了。

其二 曾非日本领土的奄美、冲绳、小笠原

在这样的批判声中,吉田茂签订了《旧金山和平条约》。并且,基于《旧金山和平条约》,日本于次年1952年(昭和二十七年)4月28日独立。然而,冲绳、小笠原诸岛不

在独立的范围之内。相关内容记载在了《旧金山和平条约》的第三条之中。

问题 2

第三条　日本国同意合众国向联合国提出的任何有关将北纬 29 度以南的西南诸岛（包括琉球诸岛及大东诸岛）、孀妇岩以南的南方诸岛（包括小笠原群岛、西之岛及火山列岛）、冲之鸟岛与南鸟岛置于【⑥】之下，并以合众国为唯一施政方的任何提议。……

此处称冲绳为西南诸岛，称小笠原诸岛为南方诸岛。"合众国"指的就是美国，根据条文的记载，美国是唯一的施政权拥有者。在题 2 中，早稻田大学想要考一考大家对《旧金山和平条约》的条文是否拥有扎实的理解。

问题 2（后续）

题 2　【⑥】是在联合国的监督之下，被委以施政权的国家对无法作为独立国家进行自立的地区行使施政权的制度。**该制度的名称是什么？**

正确答案是**托管制度**。其实，战争结束后不久，联合国内就出现了让冲绳从日本独立出来的动向，也就是先由联合国托管再令其独立。但就在此时，东西方冷战开始了。

当时，美国将冲绳视为重要的军事据点。冲绳若是处于联合国托管制度之下，美国就无法自由地在冲绳设置军事基地。

于是，美国没有提出联合国托管的提案，而是要求获得冲绳的施政权。施政权是指美国行使司法、立法、行政三权。美国掌握施政权之后，冲绳开启了"基地之岛"的历史。对冲绳的处置也是受到"美国情势"影响的一个典型，如果当时采用的是联合国托管制度，那么现在冲绳对日本来说可能就是"外国"了。

这些岛屿中，奄美群岛是在两年后的1953年（昭和二十八年）被归还日本的，小笠原诸岛于1968年（昭和四十三年）返还，冲绳则是1972年（昭和四十七年）回归日本的。

缔结《旧金山和平条约》的同一天，日本还签订了《日美安全保障条约》，就是所谓的"安保条约"。

其三 安保条约与行政协定

政治经济学院的试题通过引用《日美安全保障条约》中的几项条文来考察大家对安保条约的理解是否正确。

问题3

第一条　在和平条约及本条约生效的同时,日本授予美利坚合众国的陆军、空军及海军在日本国内及其附近地区驻留的权利,美利坚合众国接受这一权利。

可以说,美国促使日本独立就是为了和日本签订安保条约。根据这一《日美安全保障条约》,美国成功使得日本认可了"美军在日本国内的驻留"。此外,该条约的第三条还约定了两国将缔结《日美行政协定》。

问题3(后续)

第三条　规范美利坚合众国军队在日本国内及其附近地区驻扎的条件,将在两政府间的⑧行政协定中决定。

《日美行政协定》规定了美军驻留的条件。题3问的是这一《日美行政协定》现在变成了什么。

问题3(后续)

题3　下划线⑧在《日美相互合作及安全保障条约》签订之后,基于《日美相互合作及安全保障条约》的第六条,被新的内容所取代。这一新文件对美军使用日本国内设施及区域时的具体条件做出了明确的规定,该文件的简称是什么?

※　下划线⑧行政协定

《日美行政协定》是在缔结安保条约的第二年即 1952 年（昭和二十七年）签订的，承诺"日本向美军提供基地"和"日本承担基地经费"。这一内容在 1960 年（昭和三十五年）的《日美地位协定》中被修改。正如题 3 的题面所示，《日美地位协定》是《日美行政协定》的具化。所以题 3 的正确答案是《日美地位协定》。

其四 岸信介内阁与安保条约的修改

安保条约在 1960 年（昭和三十五年）被修改，修改后更名为《日美相互合作及安全保障条约》。实际上，不了解条文内容的人可能很多。早稻田大学的试题通过摘录安保条约的条文来促进大家对安保条约的理解。

问题 4

第六条 为了对日本国的安全及维持远东的国际和平与安全做出贡献，允许美国的海、陆、空三军使用日本国内的设施及区域。

条约规定，为了"日本的安全"以及"远东的和平与安全"，允许美军在日本国内行动。

题 4 问的是进行安保修改的人物是怎样的人物。

问题4（后续）

题4 关于缔结这一条约的首相，错误的选项是什么？

あ 在东条内阁就任工商大臣

い 作为甲级战犯的嫌疑犯被捕

う 就任初代自民党干事长

え 决定了第一次防卫力量整备计划

お 实现了《警察官职务执行法》的修改

该条约指的是1960年（昭和三十五年）缔结的《日美相互合作及安全保障条约》，是旧安保条约的修订版。

那么，为什么要修改安保条约呢？其实，旧安保条约是包含不平等内容的条约。例如，旧安保条约中没有规定美国防卫日本的义务，条约中也没有明确规定期限。不仅如此，他国美军竟然可以根据该条约介入日本的国内纷争。

于是，1957年（昭和三十二年）成为首相的岸信介倡导建立平等日美关系的"日美新时代"，开始着手修改安保条约，并且在1960年（昭和三十五年），缔结了《日美相互合作及安全保障条约》。新条约对美国防卫日本的义务做出了明确的规定，并且规定了固定有效期限为十年。

关于题4，缔结此条约的岸信介是山口县出身的农商务官僚。确实如选项あ所述，在东条英机内阁时期就任工商大臣，战后就像选项い中所说的成了甲级战犯，但获得了不起诉处分。岸信介回归政界后正如选项う所示，先担任初代自民党干事长，后成为首相。他发表了选项お中的第一次防卫力量整备计划，并且不顾日本教育工会的反对，实施了教员的勤务评定。安倍晋三就是岸信介的孙子，他对日本教育工会的态度可能就承袭自他的祖父。本题的正确答案是选项お。岸信介想要**修改**《警察官职务执行法》以此强化警察的权力，但遭到了舆论的猛烈反对后放弃了这一想法。也就是说他**没能实现**对《警察官职务执行法》的修改。

其五 "指导方针"的制定

接下来看一看有关《日美相互合作及安全保障条约》第四条的试题。这道题要考察的是大家是否了解《日美相互合作及安全保障条约》在20世纪70年代以后发生了怎样的变化。

问题5
第四条 缔约国⑩就本条约的实施随时进行协议。另外，当日本国的安全和远东地区国际和平与安全受到威胁的时候，在缔约国的任何一方的要求下随时可以进行协议。

题 5 根据下划线⑩的规定设置了协议机关，其下属机关的小委员会在 20 世纪 70 年代提交了一份报告，该报告通过内阁会议决议成为《日美防卫合作指针（指导方针）》。内阁会议决议通过《日美防卫合作指针》后不久辞职的首相是谁？请填写其姓名。

"指导方针"的正式名称是《日美防卫合作指针》。该指导方针是 1978 年（昭和五十三年）在福田赳夫内阁时期的内阁会议上决议的，所以正确答案是**福田赳夫**。"指导方针"规定在发生战争等事件时，由美军和日本自卫队共同作战、行动。

其六 迎来新指导方针的时代

时间从昭和推移到了平成。"指导方针"在平成时发生了怎样的变化呢？让我们通过题 6 和题 7 进行确认。

问题 6

日本的⑪总理大臣和⑫美国总统强调了促进该地区稳定、处理日美两国直面的安全保障相关问题的重要性。由此，总理大臣和总统再次确认了日美间同盟关系的重要价值。双方都重新肯定了以《日美相互合作及安全保障条约》为基盘的两国间安全保障关系，不仅是达成共通安全保障目标的基石，同时仍是亚太地区在21世纪维持稳定与繁荣的基础。

题6 本史料是日美间缔结的共同宣言。下划线部分⑪指的是谁？

あ 中曽根康弘

い 竹下登

う 海部俊树

え 桥本龙太郎

お 小渊惠三

题7 签订该共同宣言的下划线部分⑫是谁？

あ 比尔・克林顿

い 罗纳德・里根

う 吉米・卡特

え 乔治・赫伯特・沃克・布什

お 乔治・沃克・布什

这是有关《日美安保共同宣言》的史料。是1996年（平成八年）4月，在题6选项え的"**桥本龙太郎**"与题7选项あ的"**比尔・克林顿**"的会谈之后被发表的。共同宣言决定为了维护亚太地区的稳定，美军应继续维持兵力。以该宣言为契机，日本政府对之前的"指导方针"进行了重新审视，并且在1999年（平成十一年）小渊惠三内阁期间，通过了新指导方针的关联法。新指导方针的关联法是对包括《周边事态安全确保法》在内的三部法律的通称。

之前的"指导方针"规定"日本国内"发生战争等事件之时，美军和自卫队共同行动。而新指导方针关联法规定，发生对日本安全有很大影响的"周边事态"时，日本将支援美军。也就是说，美军和日本自卫队共同行动的范围从日本国内扩大到了日本周边。

其七　现代的论点——理解"指导方针"的重要性

从国际社会的现状出发，日本与美国进行共同军事行动可能是有必要的。然而，比方说非法占领叙利亚地区的"伊斯兰国"，可能会主张"日本志愿成为十字军"，因而杀害日本人质。日本可能会像美国和英国一样，面临成为恐怖主义攻击目标的危险。因此，对于毫无章法地扩大"指导方针"范围和内容的做法，我们或许应当三思而后行。现在的国际形势要求我们在决定"指导方针"的适用范围时,比以往的任何时候都更加慎重。所以,早稻田大学的试题似乎是在疾呼,我们应当理解"指导方针"本身的内容,以及日本最终通向"指导方针"的安保之路。

结语　回顾 2016 年度的入学考试试题

早稻田大学法学院在 2016 年度出了下面这道试题。

问题

④ 其后，经过第二次石油危机进入了 20 世纪 90 年代后半期，在制定能源政策时，地球变暖作为一个重要问题受到关注。为了防止地球变暖，在 1997 年《联合国气候变化框架公约》的第三次缔约国会议上，通过了【D】，确定了发达国家削减温室气体排放的目标。

核能发电作为应对石油危机以及地球变暖的对策一时广受称赞，但在 2011 年的东日本大地震中发生东京电力福岛第一核电站事故之后，人们对核电安全性的信任有所动摇，社会上出现了对核能发电的强烈批判，以及对可再生能源的期盼。现如今，日本在其后所谓扩大电力自由化的基础之上，有必要对能源政策进行根本性的重新审视。

10 请在答题纸上用汉字写出应当填入空格D的内容。

这是继2014年度之后，再次涉及核能问题的入学考试试题。这次的试题与2014年度的不同，稍显简单一些，只需要大家填出空格D的《京都条约》，但有趣的是题面的部分。

虽然跟试题没有任何关系，但题面的第一段落依然（在实际的入校考试卷上）用了整整四行，说明对核能安全和能源政策进行彻底重新审视的必要性。说实话，从入学考试试题的角度看，这部分内容是完全没有必要的。

但是，这就是早稻田大学入学考试试题的风格。

几行文字传达出了早稻田大学教授们的殷切期盼，"希望大家成为这样的学生"。并且，让这样的学生通过考试。就好像大学和学生之间展开了一场"找对象活动"。

1881年（明治十四年），大隈重信因明治十四年的政变[1]不得不下野，其理由并非渎职或营私舞弊等问题。

以岩仓具视和伊藤博文为中心的慎重派势力，对谋求尽快开设国会的大隈一直是有所忌惮的。就在此时，开拓

---

1 该政变发生在1881年（明治十四年）10月，萨、长藩阀政府开除了大隈重信一派，制定了向立宪制过渡的基本方针。——译者注

使官廉价出售公产事件被曝光。政府认为领导国民舆论，指责收受贿赂嫌疑的就是以大隈为中心的一派，因此他们将大隈视作"绊脚石"。

于是，被政府驱逐的大隈于次年的1882年（明治十五年）建立了立宪改进党，同时设立了东京专门学校（后来的早稻田大学）。他认为要想阻止政府莽撞行事，关键就是要组建健全的在野党以及培养拥有健全思想的人才。

从入学考试题能够看出，他的这种精神到了一个世纪后的今天，依然在早稻田大学传承不息。如今，出现了慨叹大学偏重高分的倾向，但早稻田作为一座学府，至今追求的都不是高分，而是真正的学问。

只要早稻田大学的入学考试试题还遵从这样的精神，那么早稻田大学将永远以"私学之雄"的姿态屹立在历史的长河之中。

金谷俊一郎
2016年3月